# 創られた明治、創られる明治

# 創られた明治、創られる明治

「明治150年」が問いかけるもの

日本史研究会
歴史科学協議会
歴史学研究会
歴史教育者協議会
〔編〕

岩波書店

# はじめに

石居人也
中澤達哉

一九六八年一〇月、「明治百年」を政府主催の式典で祝うという国家的イベントが催された。政府は、明治以来一〇〇年の歩みを、日本が急速な近代化や復興に「成功」した歴史として描き、式典とそれに連なるさまざまな催しをとおして、それを日本中にひろめようとしていた。そうした動きに対して、歴史学界や志ある人びとは、一九六七年の紀元節復活（「建国記念の日」実施）に続く、歴史観の一方的な押しつけだとして、それを批判し、声明を発し、反対集会を全国で開催した。

こうした「明治」改元を起点として周年を記念し、言祝《ことほ》ごうとする姿勢には、大きくふたつの問題を指摘することができる。ひとつは、改元に象徴される「明治維新」そのものが、手放しで祝われるべき事象なのかという問題である。そもそも「維新」という語は、明治初年には政治や法律の言葉として一部で用いられ、生活者には馴染《なじ》みが薄かったという意味において、いわば「御上《おかみ》」の言葉であった。一方、当時の生活者たちは、眼前でおこった政治体制や社会の激変を、「御一新《ごいっしん》」という言葉でしばしば表現した。そこには当初、従来の政治や社会の行きづまりが打開されることへの期待がこめられていたといってよいだろう。しかしほどなく、そうした期待感は、何も変わらないという諦念、あるいはさらに息苦しくなった、裏切られたという困惑や激情へと急旋回してしまう。そうした、息苦しさの根源となった「上からの施策」を象徴する語が「維新」であり、さらにそれが、一八八〇—九〇年代の徳富蘇峰や福地桜痴の著作などにみられるように、一定の時間を経て歴史的に位置づけなおされようとした際、もちだされたのが「明治維新」という表象だった。つまり、明治初年の生活者たちにとって、「御一新」への期待を覆しながら進められた「維新」は、言祝がれるべきものとはほど遠い事象だったといえよう。

いまひとつは、こうした言祝ぎが、ひとり「明治維新」にとどまらず、それを起点とした、後発国の〈めざましい近代化〉の物語へと敷衍《ふえん》され、アジア・太平洋戦争の敗戦から高度成長を遂げる戦後の日本と二重写しにされたという問題である。いうまでもなく明治以来の歴史には、戦争も迫害もあった。アジアや世界の民衆と対立し、矛盾を深めた側面もあった。まさに、戦前の日本が、「王政復古」以来、「皇国」日本の世界に対する優越性や正統性を喧伝し、軍人勅諭と教育勅語を支える基盤として顕彰し続けてきたのが、「明治維新」表象だった。そのことが軍国日本の膨張政策を支え、世界と対立し、戦争をくり返した結果、沖縄をはじめ国土の戦場化をもたらし、甚大な加害と被害の果てに一九四五年の敗戦を招いたといえる。「明治百年」記念の国家的イベントは、そうした権力にとって不都合な歴史を隠蔽し、戦後、人びとが「戦争責任」「戦後責任」の名のもとにかさねてきた反省の重みや、歴史における光も影も総合的にとらえ、考えていこうとする努力を無視したものだった。むしろ、〈欧米列強と対峙しつつ成し遂げた明治維新〉というイメージを強化することにより、戦後の日本が対米従属下にあり、ヴェトナム戦争に政府や財界が協力していたという重大な事実から目をそらす効果すら狙っていたのである。

こうした「明治百年」にも通ずるかのような仕掛けが、二一世紀の今日、「明治一五〇年」記念事業として、またしてもくり返されようとしている。そこでは、「明治以降の歩みを次世代に遺す」施策として、史資料の収集・整理・保存・展示やデジタルアーカイブ化の推進が謳われている一方で、現実には史資料の選別や廃棄がおこなわれたり、文化事業の価値が経済的な尺度ではかられ、「不採算」を理由に切り捨てられたりしている。また、「明治の精神に学び、更に飛躍する国へ」向けた施策の名のもと、若者・女性・外国人の「活躍」にばかり光があてられようともしている。こうした政府の描きたい歴史とそのための格好の素材が選びとられ、人びとに押しつけられるだけではない。「一五〇年」を期に政府は、特定の歴史事象を讃美することで、現代日本に生起している切実な課題に正面から向きあわない、あるいは向きあわせないという情緒的な仕掛けもおこなっているのである。

天皇の不在に話題が集中した感のある、政府主催の「明治一五〇年記念式典」は、二〇一八年一〇月二三日に実施された。日程が「明治百年」の時とおなじ「明治」改元を根拠に選定された一方、会場は五〇年の時を経て、日本武道館から憲政記念館へと変わった。そこでの総理大臣の式辞にあらわされた歴史像として象徴的だったのは、明治と現在の日本に共通する要素としての「国難」への直面と、歴史の「転換点」にあるという認識である。明治には、アジアに押しよせる列強の植民地支配の波とそれにともなう「国家存亡の危機」があり、現在は、内に少子高齢化、外に「国際社会の荒波」があるという。そうした困難に敢然と立ち向かい「新しい時代の扉を開けた」のが明治であり、現在の「私たち」もまた「難局に真正面から立ち向かい」「乗り越え」なければならないというのである。

第一次、第二次安倍政権を通じてその欠落がくり返し批判されてきた植民地支配の問題やアジアへの視線が、日本の「国難」を強調する文脈では、みごとにアジア全体に共通する受苦として盛りこまれている。それは、戦争を被害の側面でばかりとらえ、加害を捨象する認識のあり方とも通底する。加えて、式辞では「国難」があたかも、あずかり知らない外部から日本へと降りかかってきた災厄であるかのように語られたが、それを喚起した当事者には、当然日本も含まれるべきである。だが、「国難」を喚起した重要な要素のひとつに、ここで示されたような歴史像や歴史認識の問題があることは、一切省みられていない。歴史は現在の外側に静態的に存在するわけではなく、現在もまた歴史性を帯びている。また、現在において紡ぎだされる歴史が、未来に影響を及ぼすことも充分にありうる。そうした、歴史が否応なしに纏《まと》ってしまう重み、歴史を語ることがもつ責任の重さに対する認識の甘さが、あらためて白日のもとにさらされたといえよう。

多義的な文化の存在が前提とされる今日、一国史的な見方は相対化されて久しい。むしろ、従来の歴史学では等閑視されてきた人びと・集団・地域から歴史を構想してはじめて、あるいは地球規模の視野によってはじめて、わたしたちは新しい世界へと飛び立つことができる。歴史学や歴史教育は現在、そうした新たな地平に立っている。豊かな歴史像の提示が人びとを励まし、未来を見据えることにもなろう。このような大きな役割を歴史学界は認識しつつ、政府の「明治一五〇年」イベントで示されたような一面的な歴史像、さらにはそうした像に人びとを絡めとろうとするやり方と、対峙していく必要がある。

これらのことをふまえてもなお、なぜ政府や自治体が企図する「明治一五〇年」イベントをここまで批判しなければならないのか、という意見もあるだろう。明治の「輝かしい」業績をなぜ批判するのか。NHK大河ドラマの主人公の活躍をなぜ批判的に見るのか。「まことに小さな国の開花期」をなぜ好意的に見ることができないのか。日露戦争の勝利をなぜ顕彰してはならないのか。そのような疑義は、至極もっともなようにもおもわれる。しかし、わたしたちは、そこで立ちどまることを忘れたくない。その「輝かしい」業績・活躍・「開花」・勝利の陰に何があったのか、それらを手放しで賞賛することがどのような意味をもつのか、を一方で問い続けることによってはじめて、歴史と正面から向きあうことができると考えるからである。ゆえにわたしたちは、権力による「明治」イメージの創造・操作・利用を注視する。時の権力によって歴史、とりわけ「明治」は利用されやすい。国民統合と国民統制をはかるうえで、「明治」は格好の素材だからである。実際、立脚する時代の状況に応じて、顕彰される「明治」の姿も変容している。つまり、「明治一五〇年」を批判する視点があるからこそ、「明治」を素材に、ふだんは目に見えないために気づきにくい、権力によって歴史が創られる政治的・経済的・社会的文脈、権力構造とその編成、そして何よりも、日本が置かれた世界史的な時代状況を把握することができるのである。

以上の現状認識にもとづき、わたしたちは、本書『創られた明治、創られる明治――「明治一五〇年」が問いかけるもの』を企画した。第Ⅰ部「「明治百年」と「明治一五〇年」をめぐる論点」では、一九六八年の「明治百年」と二〇一八年の「明治一五〇年」それぞれの歴史性を念頭におきながら、政治と社会(第1章)、歴史学界(第2章)、教育界(第3章)の動向を跡づけ、「明治一五〇年」

の歴史的位置とそれをめぐる論点を析出する。第Ⅱ部「「他者」と／から「明治」を問いなおす」では、「明治一五〇年」が言及しつつも掘りさげることのなかった、アジア(第4・5章)・ヨーロッパ(第6章)・ジェンダー(第7章)の視点から「明治」を問いなおす。第Ⅲ部「「明治」をめぐる現在」では、「明治」が幕をおろしたあと、それがどのように歴史化されようとしたのか(第8章)、「明治一五〇年」の旗のもと、各地でなにがおこなわれたのか(第9章)を、その意味も含めて掘りさげる。そして座談会「「明治一五〇年」が問いかけるもの」では、あらためて執筆者間で、「明治一五〇年」からなにを読みとり、今後にどのようにつなげてゆくべきかを考える。本書によって、「百年」と「一五〇年」の歴史状況の相違を意識しながら、権力によって「明治」イメージが創られ、利用される文脈と構造を、近現代ナショナリズム・新自由主義・グローバリズムの位相において検証することができるだろう。本書が、歴史研究者・歴史教育者のみならず、幅広い読者に届くことを願ってやまない。

目　次

## 第Ⅱ部　「他者」と／から「明治」を問いなおす

## 第Ⅲ部　「明治」をめぐる現在

# 第Ⅰ部

# 「明治百年」と「明治一五〇年」をめぐる論点

# 1 「明治一五〇年」・〈明治の日〉・改憲

原田敬一

## 一 紀元節復活・「建国記念の日」不承認五〇年から

### 1 〈二月一一日〉という虚構

日本近代の歴史は、国家が歴史の偽造を行ったことに始まる。一八七二年一二月九日(後との関係で元号を使えば、明治五年一一月九日)、太政官は、来たる一二月三日を画期として太陽暦を採用し、明治六年一月一日とすること(この日から西暦と日付が一致することになる)を発表し、さらに同月一五日には、『日本書紀』に言う「神武天皇即位の年」を「皇紀」とし、即位日一月二九日を祝日とすると追加発表した。『日本書紀』には

辛酉年春正月庚辰朔、天皇即帝位於橿原宮

とある。「辛酉年」の「正月」の「庚辰朔」が橿原宮での即位日とする一行である。この一月一日を、すでに施行されている太陽暦に置き換えれば「一月二九日」になると換算したのは太政官の少内史であった塚本明毅だった。しかし、塚本が後に認めたように、「簡法相立僅数十日ニテ出来仕」

という根拠の説明できないものだった。推古や持統の時代に中国の暦を使い始めたことは『日本書紀』の記載にあるが、それ以前の暦法がまったく不明な状態では「簡法」すら立てようがなく、換算できない、と言うべきだった。それを塚本は独断で「換算」したことになっている。この太政官布告自体が意味不明と言わざるをえない。

以上の実証は、一九五〇年代に「紀元節」復活運動が始まったことに危機感を抱いた歴史家たちに日本史研究会がよびかけてまとめた『日本の建国』という小冊子で行われたことである。一九五七年一二月に東京大学出版会から刊行され、さらに一九六六年二月に青木文庫となって広く読まれた。それをまず確認しておく。

## 2　歴史の動員という歴史

国家が自らの正統性を言い立てるための道具として「歴史」を動員し、国民を説得することは、一九四五年以前の社会において常態化していた。その「歴史」とは『日本書紀』の記述、特に神代紀の神話を事実と認定するという非科学的なものだった。

一九三五年、美濃部達吉の天皇機関説を貴族院で問題視する議員が出てきたとき、政府は二度の「国体明徴声明」(八月三日と一〇月一五日)を出して、神話を事実と考えると公言した。

> 恭しく惟《おもい》みるに、わが国体は、天孫降臨の際下し賜へる御神勅に依り明示せらるゝ所にして、万世一系の　天皇国を統治し給ひ、宝祚《あまつひつぎ》の隆《さかん》は天地《あめつち》と与《とも》に窮《きわまり》なし。

この文章で始まった声明(八月三日)は、「万邦無比なる我が国体の本義」とも加え、ナショナリズムの頂点ともなっていた。「日本ファースト」「日本最高」という驕りが、二年後の一九三七年七月七日の盧溝橋事件を日中全面戦争に拡大する基盤となった。盧溝橋事件についての近衛内閣声明(八月一五日)は、

支那軍ノ暴戻《ぼうれい》ヲ膺懲《ようちょう》シ以テ南京政府ノ反省ヲ促ス為今ヤ断乎タル措置ヲトルノ已《や》ムナキニ至レリ。

と「暴戻」を「膺懲」することを戦争目的として掲げた。自らについては「東洋平和ヲ念願シ日支ノ共存共栄ヲ翹望《きぼう》スル帝国」と平和主義国家を気取る。「東洋平和」という四字熟語は、近代日本政府の常套句だった。日清・日露・第一次世界大戦・アジア太平洋戦争の三回の宣戦詔書に止まらず、それらの終戦を告げる詔書や、各々戦時下の帝国議会開院式に与えた勅語などに必ず盛られるのが「東洋平和」という熟語だった(傍点部は引用者)。

「以て東洋全局の平和を維持せむと欲し」(一八九四年八月一日、清への宣戦詔勅)

「惟ふに文明を平和に求め列国と友誼を篤くして以て東洋の治安を永遠に維持し各国の権利利益を損傷せすして永く帝国の安全を将来に保障すへき事態を確立するは、朕夙《つと》に以て国交の要義と為し旦暮敢て違《たが》はさらむことを期す」(一九〇四年二月一〇日、ロシアへの宣戦詔勅)

「朕は深く現時欧州戦乱の殃禍を憂ひ専ら局外中立を恪守し以て東洋の平和を保持するを念とせり」「帝国及与国の通商貿易為に威圧を受け極東の平和は正に危殆に瀕せり」(一九一四年八月二三日、ドイツへの宣戦詔書)

「斯《かく》の如くにして推移せむか、東亜安定に関する帝国積年の努力は悉《ことごと》く水泡に帰し、帝国の存

立亦正に危殆《きたい》に瀕せり。事既に此に至る、帝国は今や自存自衛の為蹶然《けつぜん》起つて一切の障礙《しょうがい》を破砕するの外なきなり」(一九四一年一二月八日、米英両国に対する宣戦詔書)

これは「東洋平和」が、天皇と政府が国民を戦争に動員するに際しての必須のワードと化していたことを意味する。日清戦争の際は、朝鮮をして「禍乱」から逃れさせ、将来の「治安」を保持することが「東洋全局の平和」につながるという論理だったのに対し、遼東半島還付の詔(一八九五年五月一〇日)では、清国と交戦したのは「東洋の平和をして永遠に鞏固ならしめむと」するものだったと、戦争そのものを「東洋の平和」に結びつけた。日露戦争の際は、もう一度「満洲にして露国の領有に帰せん乎、韓国の保全は支持するに由なく、極東の平和、亦素より望むへからす」と、ロシアの満洲領有が韓国の保全と極東の平和を危うくすることになると説明する。近代日本にとって、清やロシア、ドイツなどは「東洋の平和」を乱す敵であり、それを糺すのが私たちの役割であると位置付けていることになる。この姿勢が自省されることなく、一挙に日中全面戦争、さらにアジア・太平洋戦争に突っ込んでいったのである。

「国体明徴声明」で指摘されていた「御神勅」は、短いものだった。

豊葦原《とよあしはら》の千五百秋《ちいほあき》の瑞穂《みづほ》の国《くに》は、是《こ》れ吾《あ》が子孫《うみのこ》の王《きみ》たるべき地《くに》なり。宜《よろ》しく爾皇孫《いましすめみま》就《ゆ》きて治《しら》せ。さきくませ。宝祚《あまつひつぎ》の隆《さか》えまさんこと、当《まさ》に天壌《あめつち》と窮《きはまり》なかるべし。

これが、一九四〇年四月から使用が始まった『小学国史』(尋常科用)上巻の冒頭に掲載され、続いて翌年九月に刊行された下巻にも同じように掲載された。小学校は一九四一年四月から国民学校と名称を変えたが、六年生の国史の授業は、まずこれを一斉に音読することから始まった。天照皇大神とそれを継承する天皇という虚像が前面に出され、天皇の統治権などを憲法で論理的に解説するのではなく、神話で説明され納得させせられる神憑《かみがか》り国家は小学校・国民学校で誕生した。

一九四〇年二月二日に斎藤隆夫衆議院議員が行った本会議演説が「反軍演説」と指弾され、衆議院が三月七日斎藤の除名決議を行ったのは、そのような神憑りの授業が全国の小学校で行われる伏線のようにみえる。斎藤演説の一週間後、二月一〇日には内務省が津田左右吉の『古事記及日本書紀の研究』発売禁止の措置をとり、二日後の一二日には津田の『神代史の研究』『上代日本の社会及思想』『日本上代史研究』も発売禁止となり、三月八日、著者の津田と、発行者の岩波茂雄は、出版法違反で起訴された。史料に基づき古代史研究を進め、公刊して世に問う津田に対して、まず内務省が『神代史の研究』など四著書を発禁処分とし、それを受けた東京地方検察庁が取り調べ、津田は起訴され、予審に付された。津田の起訴は出版法第二六条違反によるものだった（傍点部は引用者）。

第二六条　皇室ノ尊厳ヲ冒瀆シ、政体ヲ変壊シ又ハ国憲ヲ紊乱セムトスル文書図画ヲ出版シタルトキハ著作者、発行者、印刷者ヲ二月以上二年以下ノ軽禁錮ニ処シ二十円以上二百円以下ノ罰金ヲ附加ス

前年の一九三九年二月に起訴された河合栄治郎は「安寧秩序ヲ妨害シ又ハ風俗ヲ壊乱スル文書図画」という出版法第二七条違反によるものだった。出版法は、出版条例を改定して、新たに一八九三年四月制定公布されたもの。河合の第二七条、津田の第二六条、それぞれは出版法引用部分の傍点部が適用されたのだが、その部分は一九三四年五月に改定されたもので、それらの適用が河合と

津田だった。「安寧秩序ヲ妨害シ」も「皇室ノ尊厳ヲ冒瀆シ」も曖昧で、国民の不安をもたらすものであり、前者については削除案が、衆議院の委員会と本会議で提案されている。松谷与二郎衆議院議員（日本労農党結成に参加した弁護士。この時は国民同盟所属）が、「近時政府ハ非常時デアルト云フ名ノ下ニ、著シク言論ノ圧迫ヲ為シツ、アル」とし、「況ヤ安寧秩序ヲ妨害スルト云フガ如キハ、文字自体ガ極メテ抽象的デアリマシテ、政府ノ手心如何ニ依リマシテ、如何様ニモ解釈ガデキル（中略）斯ノ如キ手心ニ依ツテ出来ルト云フヤウナ法案ニ対シマシテハ、国民ハ其適従ニ迷フノデゴザイマス（拍手）」（一九三四年三月二五日衆議院本会議での発言）と削除を求めたが、賛成少数で否決された。

一九三四年、出版法改正案を準備していた内務省は、二つの理由を挙げて出版法改正が必要だと述べていた。第一は「国交に有害な文書の横行　徹底的に弾圧する　法案近く議会に提出」（『東京朝日新聞』一九三四年二月二日朝刊）と、貴衆両院の求めに応じるとした。第二も議会の求める「右翼団体取締り」を前面に出し、現行出版法では「安寧秩序を害する文書の場合出版禁止の行政処分は出来るが司法処分（刑事罰を求めること）が出来ない」という理由で改正案を合理化していた（『東京朝日新聞』一九三四年二月一三日朝刊）。

改正された出版法の実際は異なっていた。松谷の不安通り、河合栄治郎が第二七条、津田左右吉が第二六条を適用されて、裁判に付された。一九三五年に問題になった「天皇機関説問題」では出版法第一九条が適用され、美濃部達吉の『逐条憲法精義』など三冊の発売頒布禁止・印刷本差押え、同じく『現代憲政評論』など二冊の改版が命じられた。

出版法改正案を可決した衆議院は、一九四〇年三月九日、各派共同提案の「聖戦貫徹に関する決議案」を満場一致で可決した。ただし「衆議院は益々協力一体聖戦の貫徹に邁進しもつて肇国の大理想を顕現せんことを期す」というもので、衆議院各派の協力を決意するものだった。七月初めから始まる諸政党の解党、一〇月の大政翼賛会結成を予見させる決議である。政党の解散を主導したのは、この決議を契機に各派の衆議院議員百余名が結成した聖戦貫徹議員連盟(三月二五日結成)で、六月に連盟から各党党首に申入れたことが始まりだった。

〈紀元二千六百年祭〉が国家的イベントとして実施されたのは、この年一一月で、一〇日に東京で奉祝大会が行われたのを皮切りに、一四日まで全国で各種の祭典が繰り広げられた。大政翼賛会が賛同して作成したポスター「祝へ! 元気に朗かに」は、祭典の終了した翌一五日には「祝ひ終つた さあ働かう!」という現実主義的なものに貼り替えられた。

〈紀元二千六百年〉という虚構の歴史に国民を動員し、全国で「ああ報国の血は勇む」(祝歌「紀元二千六百年」の三番末尾)と国家奉仕を歌い上げた人々は、同月二三日には、大日本産業報国会の結成を見て、戦争協力には経営者も労働者もなく、いっそう協力していかねばならないと決意を固めさせられた。

一九三〇年に、〈東京五輪・紀元二千六百年〉をセットで一〇年後に挙行しようという呼びかけがなされ(『時事新報』一九三〇年一二月四日)、それに〈東京万博〉が加わり、この三点セットが一九四〇年には実現する筈だった。推進主体の東京市などが涙を呑んで断念したのは、商工省や厚生省の中止宣言(一九三八年七月一四日)のあとだったが、中止の理由は明らかである。数万人が入るスタジアムや会場が必要だが、始まって一年間、さらにいつまで続くかわからない日中全面戦争下にあっては、鉄骨さえ入手できなかった。皇居前広場などの野外に立たせたままの〈祝典〉しか国力が許さなかった。

アジア・太平洋戦争や十五年戦争はどこが分岐点で、どこからなら引き返せたのかという問いは今でもよく聞かれる。私の意見は別に述べるとして、十五年戦争の過程における〈一九四〇年〉は、泥沼化している日中全面戦争(日露戦争の一九カ月間は、一九三九年一月の時点で超えている)と欧洲戦争の持続、一九三三年国際連盟から脱退して孤立している日本、など明るくない社会をさらに暗くし、とにかく打開策が見たいという閉塞感に満ちた年だった。翌一九四一年一二月に米英に宣戦布告し、第二次世界大戦に参加したとき国民の間には、漸くという気持ちやヤットという思いがうまれ、これで打開できると思ったのではないか。目前の困難な事態を見つめることなく、〈ああ肇国の雲青し〉(前記祝歌二番の末尾)と世界に類のない建国史を持っていると自画自賛したことは、ナショナリズムを肥大化させ、さらに大きな戦争へと舵を切らせた。

### 3　〈紀元節〉復活の危機の中から

冒頭にあげた日本史研究会編『日本の建国』(青木文庫、一九六六年二月)は、まず一九五七年一二月に東京大学出版会から発行された。日本史研究会の研究大会の終わった一九五六年秋から一年間、門脇禎二ら一二人の特別委員を集めての大作業の結果だった。それを受けて、一九五八年二月一日に、歴史学者を中心とした〈紀元節問題懇談会〉が結成され、〈紀元節〉復活に反対する全国組織の声を挙げた。

神社本庁や自民党議員を中心とした動きは、一九五七年二月一三日自民党議員纐纈弥三らの手で、建国記念日法案が衆議院に提出されるに至った。五月一五日には衆議院で可決されたものの、参議院で議論が続き、この国会では審議未了で終わる。しかし、その後も復活の動きと、反対運動は一〇年間続き、一九六六年三月には政府の手で、祝日法改正案を衆議院に提出し、六月衆参両院を通過する。硬直化していた厳しい対立を衆議院議長が斡旋し、名称を〈建国記念の日〉とし日取りは審議会に任せるという点で妥協したためだった(この時に成立した祝日法改正で、敬老の日九月一五日と体育の日一〇月一〇日も決まった)。同年一二月審議会(菅原通済ら一〇委員)が〈二月一一日〉と答申し、政府はただちに政令で公布して実現したという経過を持つ。『佐藤栄作日記』は、佐藤栄作首相はじめ閣僚たちが、菅原ら全委員を個別に説得し、〈二月一一日〉の答申とさせたことを赤裸々に語っている(『日記』第二巻、朝日新聞社、一九九八年、五〇四、五一〇頁)。

一九六七年の最初の〈建国記念の日〉は、関東では降雪のなか、多くの大学の同盟登校や集会が自治会から呼びかけられたのを覚えている。

二〇一八年の現在でも〈建国記念の日〉不承認を掲げる集会が全都道府県で開催されている。歴史学に関わる人だけでなく、宗教者や市民による同一課題の集会、それも祝日を認めない、という運動は世界的にも珍しいのではないか。それは私たちが、〈神勅〉、〈神武紀元〉、〈紀元二千六百年〉という歴史に名を借りた全体主義国家を体験してきたからではないか。戦後民主主義は、戦争体験や植民地体験を基礎にしているが、こうした〈神話国家〉の拒否ももう一つの基礎である。

## 二　創られた「明治」――「明治百年」

### 1　佐藤政権の「明治百年」

一九六八年に行われた「明治百年」イベントは、佐藤栄作政権によるヴェトナム戦争への無条件の協力など対米従属が深まる中で、「栄光の明治」に国民の目を向けさせ、問題を広げさせないための仕掛けだった。佐藤首相は一九六七年一一月訪米し、〈日米共同コミュニケ〉を発表した。アメリカの北爆停止には北ヴェトナム政権の対応が必要だと、日本の支持を表明し、「共産主義の干渉と浸透に対処するための自由世界の努力」(これはアメリカの努力に他ならない)が東南アジアで支持されていることを佐藤首相自身確かめたなど、総じて介入したヴェトナム戦争の泥沼化に行き悩んでいるアメリカへの強力な支持を発信したものだった(『朝日新聞』一九六七年一一月一六日夕刊)。

現実の政治に目を据えるのではなく、見たこともない一〇〇年前の日本に注目させる「明治百年」行事では、国家主義・軍国主義・帝国主義の「明治」を言い換えることが必要だった。そのため、二年前の一九六六年春、「明治百年」を「国全体をあげて祝う」国家行事とすることを早々と閣議決定した。そのことを『朝日新聞』は次のように報じている。

〔見出し〕国をあげ祝う　明治百年　多彩な記念事業

政府は二十五日の閣議で「明治百年」の記念事業を国全体をあげて祝う方針を決め〔中略〕政府としては、この事業を「明治元年から百年間の日本の世界史上まれにみる驚異的な発展を祝

う」ものとし〔以下略〕(一九六六年三月二五日夕刊)

文面にあるように、「明治」以来の一〇〇年間を「世界史上まれにみる驚異的な発展」と一面的に捉え、国家予算を投入して、国民に参加を呼び掛けた。

日本近現代のあゆみを「驚異的な発展」と一面的に捉えるのはこの時に始まったことではなかった。明治維新と大日本帝国を直結させ、「発展」というキーワードで捉えた例として一九三五年のある文書を示してみる。

惟ふに明治維新以来我帝国の飛躍発展は実に世界の一大驚異にして、汎く欧米科学文明の成果を把握すると共に我国固有の精神文化の神髄を発揮し、東亜の盟主としては友邦八億の民族を提撕して全亜細亜の振興に邁進し、列強の班に伍しては、新興の一大勢力として儼然たる地歩を確保するに至つた。

日本万国博覧会協会が、五年後の一九四〇年に〈紀元二千六百年記念 日本万国大博覧会〉を開催するために国内向けにつくった五〇頁のパンフレットの「緒言」である。欧米発の科学文明と、日本固有の精神文化、両方を保持した「帝国」の飛躍発展、という構図が示され、欧米の科学文明を吸収した優等生である日本帝国は〈東亜の盟主〉の資格を持ち、全アジアの振興を指導しているとする一方、列強との関係ではまだ〈新興〉だが〈一大勢力〉である、とやや弱気な自画像が描かれている。同協会の作成したポスターでは、中央に配された〈紀元二千六百年〉の文字で形づくられた塔の上に金鵄が輝き、両脇に〈讃へよ日本の産業、文化〉と〈起てよ国民、与へよ協力〉のスローガンが配されている。万博も国民総動員の一環であったことを自ら物語るポスターだった。〈古い歴史〉にこだわるのは、国際連盟から脱退し、アジアの中でも孤立している日本という現実から目をそらせる意図があった。

一九六六年五月一一日には、明治百年記念準備会議が発足し、議長には佐藤首相自らが就任した。この会議で、一九六八年一〇月二三日を祝典日に決定している。いつ行うかについては議論があったようで、このことを報道した新聞記事には、

明治天皇の践祚（慶応三年一月九日＝一八六七年二月一三日）
大政奉還勅許（同年一〇月一五日＝一八六七年一一月一〇日）
王政復古の大号令（同年一二月九日＝一八六八年一月三日）
五箇条の誓文（慶応四年三月一四日＝一八六八年四月六日）

も候補だったが、「政治色の少ない日」として「明治」に改元した布告の出た日である慶応四年九月八日＝一八六八年一〇月二三日とすると発表した。改元により、天皇の在位と元号を一致させる「一世一元制」が創設されたので（前近代にはない制度）、「政治色」は十分あるが、それは無視された。

朝日新聞の編集委員日比野和幸は、エッセイ「大正五十五年」で次のように批判した。

どうやら力点は百年にではなく、明治の方に置かれているようだ。歴史から明治の四十五年だけを、金メッキの額縁に入れて抜き取ろうとする手品がさかんである。だが、それによって明治以後の五十五年が忘れられてはならない。（『朝日新聞』一九六八年五月九日朝刊）

「歴史」を素材に社会に投げかければさまざまな歴史観が表明されるのは当然であって、日比野のように、起点を「大正」に求めることも可能だった。歴史家色川大吉は、近代を相対化して文学

作品を創ってきた北村透谷・徳冨蘆花・内田魯庵の生誕百年祭を提案したし、北海道大学の教官有志が呼びかけた〈学徒出陣二五周年〉を記念しての〈わだつみ像〉建設計画は順調に進み、募金活動も成功して、本郷新作成の銅像が完成するところまで到達した。〈米騒動五〇年〉でもあり、官製「明治百年」イベントへの対抗として多様な歴史観が提起され、ぶつけられた(『朝日新聞』一九六八年八月一九日夕刊)。

## 2　便乗した選挙違反者の復権政策

式典の会場には武道館が使われ一万人を集めた。全体としてはこの記念式典がめだったイベントで、他に「明治の森」整備、「国立歴史博物館(現・国立歴史民俗博物館)」設置が決定された程度だったが、メディアはもう一つの便乗行事に目を向けている。「天声人語」(『朝日新聞』一九六八年一〇月二四日朝刊)は、次のように指弾している。

明治百年の歴史をふりかえることは意味があるが、政府が明治百年に便乗して恩赦を行おうとしているのは笑止千万である。明治百年を素朴に祝おうとする国民の心情をひどく汚すものだ(中略)明治百年記念に名をかりて、選挙違反者の大量復権を行ってはならない。これは心ある国民こぞっての要望である。(中略)明治百年をとりあげて祝うムードをあおったのは政府だが、さては、はじめからそのネライの一つは恩赦にあり、これで選挙違反者をお得意のきたない選挙の戦列に復帰させるハラであったかと怪しまれる▼佐藤首相の裁断がみものである。総裁に三選されたいばかりに、まさか一国の首相が道理をまげることは万々あるまい。「明治百年の恥」を後世に残すようなことはしないと信じたい。

「天声人語」子の願いも空しく、佐藤内閣は式典の一週間後の一一月一日、復権令（政令）と特別恩赦を閣議決定し、選挙違反者四万人を復権させ、佐藤自身も同月二七日の自民党大会で三選された。「明治百年の恥」を残す悲劇とも喜劇とも言えるような政治決定だった。

## 三　創られる「明治」——異常な顕彰と押し付け

### 1　安倍政権の「明治一五〇年」

翻って安倍晋三政権の打ち出した「明治一五〇年」である。佐藤政権は、「明治百年」を「日本の世界史上まれにみる驚異的な発展」と一面的・のっぺらぼう的に捉え、国民に「さあ祝え」とばかりに押しつけた。安倍政権の意図はどこにあるのか。まず〈首相官邸HP〉を見てみよう。HP内に〈会議等一覧〉があり、その中に最初に位置づけられる文書がある（傍点部は引用者）。

「明治一五〇年」に向けた関連施策の推進について

平成二八年一一月四日

平成三〇年（二〇一八年）は、明治元年（一八六八年）から起算して満一五〇年の年に当たります。

明治一五〇年をきっかけとして、明治以降の歩みを次世代に遺すことや、明治の精神に学び、日本の強みを再認識することは、大変重要なことです。

このため、「明治一五〇年」に向けた関連施策を推進することとなりました。

「明治以降の歩みを次世代に遺すこと」など、歴史を私たちが受け継ぐことは「明治一五〇年」というきっかけがなくても当然のことで、それが学校教育の中に〈歴史〉科目を置いている理由であろう。

問題は「明治の精神」や「日本の強み」という言葉である。佐藤政権の「明治百年」は「百年間」の「驚異的な発展」だった。「百年間」を「発展」だけで捉えるからのっぺらぼうと述べた。その間の起伏、光と影などを無視して「発展してよかったね」で終わらせようとしていた。戦争も、公害も、差別も、格差や不平等も、抑圧も弾圧もここにはなかった。だから〈米騒動五〇年〉や〈学徒出陣二五年〉などが対置された。安倍政権の「明治一五〇年」は、前段で「明治以降の歩み」と言いつつ、後段で「明治の精神」を浮かび上がらせ、それが「日本の強み」だと読めるようなレトリックを使っている。一五〇年間の日本近現代史の中で、なぜ「明治の精神」だけが取り上げられ、特筆されるのだろうか。このことはまったくのこじつけである。

地方自治体ではどうか。詳しくは9章の大江論文をご覧いただくとして、代表的な文章を一つだけ挙げよう。山口県のＨＰに掲載されている知事のコラム「明治一五〇年に向けて」である（二〇一八年七月三一日閲覧。傍点部は引用者）。

> 二年後の平成三〇年、我が国は、明治改元から一五〇年という節目の年を迎えます。山口県としては、これを契機に、改めて明治維新の意義や我が国の近代化の歩みを見つめ直し、これからの県づくりへの機運を高め、地域活性化につなげていくこととしています。さらに、「明治維新胎動の地」である本県から、この機運を全国へと広げ、日本全体の発展を目指す国民的な盛り上がりを巻き起こしていきたいと考えています。

山口県知事も、「明治維新」に注目し、地域活性化につなげたいらしい。その意味では、「明治一五〇年」ではなく、「日本近代一五〇年」とすべきではないのか。山口県で活躍した人々がすべて明治維新につながる訳もなく、近代一五〇年の人々の苦労・努力の跡をたどることが、地域の人々のモチベーションを高めることになるのではないか。

二〇一四年に放映されたNHKの朝の連続ドラマ「花子とアン」では、明治期に主人公が通った女学校のブラックバーン校長の卒業メッセージに「ここが最高に幸せな時代だったと感じるのなら、あなたたちへの教育は間違っていたと言わなければならない」という意味の言葉があった。私たちは「明治維新」や「明治の精神」まで戻らなければ現代を生きていけないのか、街づくりのモチベーションを高め、活性化させることは出来ないのか。なぜ「明治」に立ち止まらなければならないのか。「明治百年」イベントも「明治一五〇年」施策も、「明治」という言葉で人々をどこへ誘導しようとしているのか。「輝かしい明治」へ誘導し、自己満足するだけである。〈朝日川柳〉にこうあった。「降る雪や明治はそんなによかったか」(二〇一八年一月二七日朝刊、山崎末男)。褒めすぎは庶民感情にもカチンとくるものである。

官邸のHPが述べている「明治以降の歩み」と「明治の精神」・「日本の強み」は連動して語られている。その中に、日本近現代一五〇年の戦争・公害・差別・格差・不平等・抑圧など「国家の暴力の歴史」は含まれていない。せいぜい戊辰戦争で「賊軍」とされた会津若松出身の陸軍大将柴五郎や外交官林権助の名前を挙げて、彼らも頑張ったという印象操作をするに過ぎない。それも有識者の入れ知恵だろう。官邸は施策をまとめるにあたって筒井清忠氏や山内昌之氏ら数人の有識者や団体に話題を提供してもらっている。

官邸HPにある、「明治一五〇年」行事の「基本的な考え方」には、「明治の精神に学び、更に飛躍する国へ」の題目の下に次の二項目が並べられている。

•明治期においては、能力本位の人材登用の下、若者や女性が、外国人から学んだ知識を活かし、新たな道を切り拓き、日本の良さや伝統を生かした技術・文化を生み出した。

•これらを知る機会を設け、明治期の人々のよりどころとなった精神を捉えることにより、日本の強みを再認識し、現代に活かすことで、日本の更なる発展を目指す基礎とする。

第一項目の内容は「明治期」にあった事実とは異なる。この時期、非藩閥出身や女性が差別され、涙し、道が閉ざされることはなかったのだろうか。戊辰戦争をめぐっての討幕派中心の論功行賞、徳川本家、会津藩や東北諸藩などへの処分、赤報隊など草莽諸隊への処分など苛酷な歴史はよく知られている。少し調べればわかることを無視して、表面だけを絶賛している杜撰なまとめ方である。「明治百年」と「明治一五〇年」、両者に共通する性格は、個人の歴史観を国家レベルの行事にまで高め、国民各層に同意を求める、同調主義的社会の強要である。個人が先人の誰を敬おうとも、どの時代が良かったかと回顧するのも自由だが、それに公的な位置づけを与え、祝典などの形で参加を求めるのは参加させられる人たちの歴史観や思想に踏み込んでいる。また両者ともに、近代化礼賛論であり、日本優等生論の、国内外への押しつけでもある。「明治百年」は、日韓基本条約調印以後の新たなアジア進出策という段階での近代日本を見習え論であり、「明治一五〇年」は、そこまで積極的にはなれず、経済的な混迷の中での自画自賛論でしかない。二度目は喜劇に終わる。

## 2 〈明治の日〉制定運動

このような「明治期」の一面的な捉え方を広めるだけでなく、さらに固定化させる〈明治の日〉制定の運動も展開されている。母体は〈明治の日推進協議会〉で、推進主力は日本会議と自民党などの議員連盟だが、各地の神社などの協力をえながら〈一千万人署名運動〉を二〇一四年から開始し、二〇一七年一一月現在で七〇万筆を集めたとHPで紹介している。HPに掲載されている【請願趣旨】にほ、次のようにある（傍点部は引用者）。

この日は、日本国が近代化するにあたり、わが民族が示した力強い歩みを後世に伝え、明治天皇と一体となり国づくりを進めた、明治の時代を追憶するための祝日です。したがつて、もともとは現行の「文化の日」などという曖昧な祝日ではありません。

戦後の祝日法制定過程で、「文化の日」は「曖昧な祝日」として定められ、蒙昧な国民が受け入れたのか。日本会議の運動は戦後の国民を無視し、罵倒するところから始まっているが、ここでも保守的啓蒙主義が展開されている。保守的啓蒙主義は、戦後の歩みを全てアメリカと左翼の陰謀のせいとし、それを現代の国民に再教育するのが役目だと勝手に思い込んでいる。

祝日法制定時の国会議事録を読んでみると、日本の祝祭日は「宮中の行事が根本になつて」いて「いわゆる神ながらの行事であり」、「今日新憲法のもとにおいて、特に人間天皇の政治家《ママ》におきましては、ほとんど意味をなさないものがたくさんある」（第一国会衆議院文化委員会、一九四七年一二月二日、森山武彦議員＝日本社会党所属）という国会議員の発言を、森戸辰男文部大臣が「理由のあること」と受け止めたことから、本格的に再検討が始まったことが確認できる。衆参両院の委員会で慎重に審議され、両院の本会議はそれぞれの文化委員会の審議を尊重し、満場一致で可決した(衆議院一九四八年七月四日、参議院同五日)。その中で〈文化の日〉の意味は、山本勇造参議院文化委員長(作家の山本有三)の文化委員会での説明に明確である(一九四八年六月一八日)。

> この日は、憲法において、如何なる国もまだやつたことのない戦争放棄ということを宣言した重大な日でありまして、日本としては、この日は忘れ難い日なので、是非ともこの日は残したい。そうして戦争放棄をしたということは、全く軍国主義でなくなり、又本当に平和を愛する建前から、あの宣言をしておるのでありますから、この日をそういう意味で、「自由と平和を愛し、文化をすすめる。」、そういう「文化の日」ということに我々は決めたわけなのです。併し心持からすると、本当は我々は今も尚実際憲法記念日にして置きたいのでありますけれども……《ママ》

参議院文化委員会の討議では、新憲法公布の日としての憲法記念日や平和祭という提案もあったが、山本委員長の説明の通り、新憲法の理念を盛り込んだ「文化の日」という制定内容だったことが確認できる。このことが〈明治の日〉制定推進者たちにひっかかり、思わず「曖昧な祝日」という罵倒で消し去ってしまおうという意思が表れたのではないか。

## 四　観光資源に動員される「文化」

### 1　闇雲な経済政策

第二次・第三次安倍政権の特色は、選挙などで〈経済重視〉を打ち出して人々の目をくらませ票を獲得し、その後の国会では共謀罪や戦争法制などを強行採決などによって成立させるところにある。ベースが日本経済の「成長神話」推進にあり、その意味では「経済成長教」という強い信仰を持ち続けているようである。二一世紀の日本は、どのような姿であるべきか、という議論が特に三・一一後盛んであるが、まだ方向性は見えていない。どのような国や社会を創っていくのか、という総合的な議論が中心になければならないのに、目先の利益獲得しか政策化されていない。ある新聞の川柳欄に次のようなものがあった。

武器原発カジノが成長戦略か（『毎日新聞』二〇一七年一〇月二〇日朝刊、東原佐津子）

物価を上げてデフレを脱却する、というふれこみの日本銀行の金融緩和策は、五年たっても実現できず、いったい出口はどこにあるのか、と強い疑問が出されるまでに停滞している。

この川柳が指摘している通り、闇雲な経済「成長政策」なるものが採用されている。真夏の八月を開催日とする二〇二〇年オリンピックの関連土木事業、福島の原子炉廃炉の目途も立っていないのに、インドや英国への原発売り込み、武器禁輸三原則を廃止しての武器輸出、手堅い運用が望まれる年金基金の投資配分を、株式と海外投資を重点とするように変更させたことなど、矛盾した経済政策の連発には、経済学者も唖然としている。
「明治百年」段階との違いは経済の状況にある。公害問題や矛盾が噴出していたものの、まだ「高度成長」の中にあった「明治百年」段階とは異なり、現在は中国がアメリカを凌駕するのは間近という国際経済の中で、日本は方向性を失って、目先の利益論に拘泥するようになっている。その一端が文化政策に現れている。

## 2　文化財保護法の改正問題

未来にキチンと遺していかなければならない〈文化財〉も目先の利益論の中に入れてしまおうというのが安倍政権の〈成長戦略〉である。二〇一六年三月、国土交通省の観光庁は「文化財の観光資源としての開花」(観光庁HP「「明日の日本を支える観光ビジョン」施策集」)を打ち出した。

文化財の観光資源としての開花
我が国の歴史と文化を今に伝える「文化財」。従来の「保存優先とする支援」から、「地域の文化財を一体的に活用する取組への支援」に転換し、観光資源として開花させます。
〈目指すべき将来像〉(見出しのみ)
○文化財を中核とする観光拠点の整備／○投資リターンを見据えた文化財修理・整備の拡充と美装化／○わかりやすい解説と多言語対応／○歴史的建造物の活用促進

しかし「明日の日本を支える観光ビジョン構想会議」(二〇一六年三月三〇日付、議長は安倍首相)による答申には「投資リターンを見据えた文化財修理」の記述はない。観光庁が、文化財の「保存優先」から「活用」への転換を要求するなど、文化財を市場原理で扱うことを求めているわけで、市場での価値を最高とする新自由主義時代の文化財や博物館のあり方を提示したものである。

これが観光庁の施策提案にとどまらず、文化庁がそれを受け容れた施策を示していることがさらに大きな問題である。

二〇一七年五月、松野博一文部科学相が「これからの文化財の保存と活用の在り方について」を文化審議会に諮問し、同年一二月八日文化審議会は「文化財の確実な継承に向けたこれからの時代にふさわしい保存と活用の在り方について(第一次答申)」を提出した。

この答申は、「地方文化財保護行政の所管」について「今後とも(中略)教育委員会が所管することを基本とすべきである」と押えつつ、「文化行政全体としての一体性」などから「条例により、首長部局において文化財保護に関する事務を執行・管理することを可能とする仕組み」を認め、自治体首長による政治的思惑からの文化財保護行政への介入を可能とした。また文化審議会の中に設けられた「文化財分科会企画調査会」は、ワーキンググループの報告として文化財の公開についての見直しを行い、保存を重視した現行の要項を修正することを求めた。例えば公開日数が年間延べ六〇日以内とされていたものを年間延べ一五〇日以内と大幅な増加案が提案され、二〇一八年一月二九日、「国宝・重要文化財の公開に関する取扱い要項の改訂について」(二九庁財第五七六号)という文化庁文化財部長名での通達を都道府県等に発している。保存重視の厳しい公開原則が大幅に緩和されたことで、保存文化財の劣化が進行する危険性が指摘されている。

こうした目先の利益重視の文化財政策が、山本幸三地方創生相の「一番のがんは文化学芸員と言われる人たちだ。観光マインドが全くない。一掃しなければ駄目だ」(二〇一七年四月一六日)という不当な発言の背景にあることは言うまでもない。

文化庁が推進している〈日本遺産(Japan Heritage)〉政策では、表紙に日の丸をあしらったどぎついパンフレットを作成し、「地域の歴史的魅力や特色を通じて我が国の文化・伝統を語るストーリー」を文化庁が認定する事業として展開している。二〇二〇年までに一〇〇件の指定を目標とし、事業の始まった二〇一五年から二〇一八年五月までで六七件を認定している(文化庁HP)。認定を受けると「文化芸術振興費補助金(日本遺産魅力発信推進事業)」の交付を申請できるので、自治体は連合や単独で申請を積極的に行っている。二〇一八年度は七六件の申請で一三件の認定となった。

二〇一八年は〈世界遺産〉認定運動と文化財保存、考古学・古代史研究の間の矛盾が露わになった年でもあった。文化庁は、〈日本遺産〉のHPで、〈世界遺産や指定文化財との違い〉という設問を設け、次のように自答している。

世界遺産登録や文化財指定は、いずれも登録・指定される文化財(文化遺産)の価値付けを行い、保護を担保することを目的とするものです。

そうすると宮内庁が陵墓指定をしている大仙古墳(伝仁徳天皇陵古墳)は、国宝や重要文化財等の価値づけを行っていないのだから、世界遺産登録は申請できないのではないか。この素朴な疑問は以前に研究者から提出されているが、それに対する十分な応答はないと思われる。また申請書には、調査研究の到達点としての古墳名称(埋葬者の確認できない「仁徳天皇陵古墳」などではなく「大仙古墳」を使用する)ではなく、「仁徳天皇陵古墳」などが使用されているので、各学会は名称等に関する申入れを行った。地域おこしを大義名分として、歴史学研究の到達点を無視するのは問題であろう。

問題は、〈観光資源〉という捉え方にある。時間とともに変化していく風景や自然とは異なり、文化財に〈産業遺産〉や〈日本遺産〉などの枠組みを与えられてしまうと、申請時点の姿が固定されてしまう。それ以前のさまざまな起伏や修正、修復などが無視され、以後の物理的変化も認めない。建物や構造物、絵画や彫刻などの単体は、自然崩壊に任すより、後世にも鑑賞できるように修復作業や維持管理活動は欠かせない。しかし、〈〇〇遺産〉という〈ストーリー〉（文化庁が日本遺産の申請を呼びかける際に使用している用語）で枠組みを与えてしまうと、権威となり、批判を寄せ付けない怪物となってしまう。そうした怪物を全国に広げることはいいことなのだろうか。〈文化〉なる政治の影響は時間と空間を超える。また日本の場合、文化庁・観光庁や安倍政権は、積極的に市場原理主義と連動させようとしている。そのことの危険性はさらに大きい。

〈文化財〉の保存に学界や地域の人々が苦労しているのは、私たちは一時預かっているだけで、未来の世代に継承していかなければならないという未来志向があるからだ。文化審議会の答申は、未来世代への継承をうたいつつ疎かにし、保存に大きな影響を与える公開日数の大幅延長などを既成事実化させている。

## 五　「日本の強み」・「明治の精神」の先にあるもの

### 1　「明治の精神」の先

「明治一五〇年」も〈日本遺産〉も、市場原理主義的な底の浅いものだった。

では彼らが注目させたい〈明治〉とは何だったのか。官邸のＨＰでは、

※「明治の精神」　機会の平等　チャレンジ精神　和魂洋才　など

と説明されている。日本近代を切り開いた精神を問う時、この三つを代表例とすることでいいのだろうか。有識者への意見聴取も行ったうえだろうが、官邸のＨＰにある〈「明治一五〇年ポータルサイト」〉には〈「明治一五〇年」関連施策推進資料等〉として、

【明治一五〇年】MEET THE 明治ノベーション～メイジンの解説動画～

【明治一五〇年】MEET THE 明治ノベーション～メイジンのミュージック・ビデオ～

という動画を見ることが出来る。他愛のない二分ほどのアニメなどだが、明治維新を〈明治ノベーション〉と訳すのは初めて見た。novation は契約更改だが、innovation ならば刷新・技術革新・新機軸と訳される。確かにこの動画では、食べ物や服飾の変化などが紹介されている。〈明治維新〉を王政復古の意味を持つ restoration で訳すか、変革や改造の意味を持つ revolution で訳すか、二つの立場が知られてきたが、innovation は初めてである。新政府が「維新」(言葉としては「維《こ》れ新《あら》たなり」というだけの意味だが「維れ」がつくことで強調され、美化されている)という耳慣れない言葉を使って「明治維新」という変革を強調したのは、innovation という言葉のように単なる新機軸を打ち出したのではなかった。その意味では、官邸の進めている〈明治一五〇年〉事業は、明治維新を「冒瀆」している。

明治維新は単なる王政復古ではなく、薩長討幕派を中心とするウェスターン・インパクト対応政

治だった。その典型が大久保利通政権に代表される「開発独裁」であり、それを進める環境づくりの国際協調政策だった。

「開発独裁」を進める強権政権は歴史的役割が終われば撤退するべきだろうが、歴史の中でそうした例はない。引続き政権を維持するための仕掛けを設けようとする。韓国では一九六三年に大統領に就任した朴正煕が、大統領選挙の不正や反対派の弾圧まで行って政権を維持しようとし、後継者も続いたが、結局一九八七年に民主化され、新憲法が制定されて、現在に至っている。日本では、大久保「開発独裁」政権を継承する伊藤博文や山県有朋たちにとって、憲法の制定には政権継続の道具という意味もあったのではないか。それが帝国議会開始から数年間の〈初期議会〉期と言われる政府と民党の厳しい対立をうんだ。ヨーロッパ並みの近代憲法を目指したものの、政権の継続を保障する天皇大権と行政権は強固にせねばならず、その反面、臣民の権利は「法律の範囲内で」認められる弱いものになった。三権分立とはいうものの、裁判官の人事権が司法省に留められ、帝国議会の予算審議権も憲法第六七条（特定の歳出の否決・修正は政府の同意が必要）などで弱体化させられていた。そうした帝国憲法の欠陥も、〈アジアで二番目に制定され、初めて実体化した憲法〉という美辞よりも、具体的に説明すべきだろう。

もう一つの仕掛けは、〈天皇制〉といわれる君主制を日本に根付かせることだった。一八七一年の廃藩置県後の太政官制改正まで天皇の政治的権限は不明確だったが、その時からようやく天皇親政の法的位置づけが明確になる。さらに天皇の神聖化を進め、一八八二年に軍人勅諭、一八九〇年に教育勅語を制定し、帝国憲法の発布以前に、天皇が軍隊と国民教育で不可侵の位置にあることを明確化した。
安倍政権のいう「明治の精神」復活は、戦後レジームの解体でしかない。この先にあるのは独裁国家であり、日本国憲法体制の否定である。この間の国会でも社会でも大きな争点になり、世論で反対が強くとも政権が成立させてきた法律や法改正は次のものである。

教育基本法全文改正(二〇〇六年)／特定秘密保護法(二〇一三年)／戦争法制(二〇一五年)／共謀罪法(二〇一七年)

この先には憲法第九条を標的とする改憲しかない。

## 2 海外派兵への制度作り

海外派兵の経験と制度作りが進んでいる。憲法第九条の制約の下で、一九九二年のカンボジアへの陸上自衛隊の施設大隊及び停戦監視要員派遣以来、ＰＫＯ(国連平和維持活動)に参加してきた。国連の要請に応じてＰＫＯに部隊を提供しているのはアフリカなど限られた国しかないというのに、日本政府は〈海外派兵〉の実績づくりを狙って、〈国際協力〉の名の下に部隊や司令部要員を繰り返し派兵し続けている。

現代日本にはすでに三つの「地位協定」が存在している。その一つは、日本が外国に押し付けたものである。

「国連軍」地位協定　一九五四年二月一九日調印、六月一一日効力発生
日米地位協定　一九六〇年一月一九日調印、六月二三日効力発生

日本・ジブチ地位協定　二〇〇九年四月三日交換成立、効力発生

これは「ジブチ共和国における日本国の自衛隊等の地位に関する日本国政府とジブチ共和国政府との間の交換公文」という名称のもので、日本外務省のHPに掲載されている(和文・英文・仏文)。そこには、自衛隊員の治外法権・関税租税課徴金の免除など、日本国内域に適用されるものと類似の内容が全二一カ条にわたって記述されている。戦後日本は、国際法基準でもない二つの地位協定を押し付けられ、沖縄県民を始め米軍基地のさまざまな被害者であったが、九年前から他国に基地を置き、地位協定も保持する〈軍事大国〉の姿を海外にさらす段階まで来てしまった。

自衛隊の海外基地は、東アフリカのジブチ共和国に「海賊対策」を名目に二〇一一年六月から置かれ、一二ヘクタールの基地に滑走路・軍港・警備隊の諸施設を展開し、陸海空の三自衛隊員約六〇〇名が駐屯している。「海賊」の脅威もおさまったにもかかわらず、唯一の海外基地を保持し続けるために二〇一八年度予算でさらなる拡張を準備している。

ヘリコプター空母の名義で建造した護衛艦いずもの就役は二〇一五年だが、二〇一七年末からこれを戦闘機艦載用に改造する計画が進められている。事実上〈専守防衛〉(自分で作戦地点を決められず、攻撃を受けてからそこが作戦地点となる、というのは国民防衛にあたる警察と論理的に通じる)の自衛隊だったが、安倍政権の下で自衛隊の海外派兵への制度作りが進められ、危機感を持つ人は多い。

### 3　自衛隊を梃子にした世論づくり

政府は、二〇〇二年一二月〈予備自衛官〉制度を改正した。それまで自衛官経験者を「予備役」的

に「予備自衛官」として採用し、給与や訓練を規定していたが、それらは「即応予備自衛官」として置き換えられ、新に「予備自衛官補」・「予備自衛官」を新設した。これに想定されたのは学生や社会人だった。二〇一六年一月二九日、全日本海員組合は、「民間船員を予備自衛官補とすることに断固反対する声明」を出し、「「事実上の徴用」につながる」と強く反対した。

二〇一七年三月には、文科省が中学校・高校の体育科目「武道」に「銃剣道」を含めることを発表した。これは採用発表後にわかるのだが、自民党の佐藤正久参議院議員や銃剣道連盟らが大量のパブリックコメント運動を展開し、それを文科省が認めて「銃剣道」を採用したのである。

同年四月には、北朝鮮のミサイル発射をめぐって、今にもミサイルが日本に落ちて来るかのような騒動が政府とマスコミによって起こされ(Jアラート)、国民の危機意識を煽り、自衛艦が米艦を護衛出動するという既成事実を積み上げた。

その中で同年一一月トランプ米大統領の求めに応じ、安倍首相は武器購入拡大を約束した。一基一〇〇〇億円のミサイル迎撃システム〈イージス・アショア〉を東西二カ所に置く計画などだったが、その後費用が二倍以上に膨らむことがわかり、二〇一八年七月下旬、防衛省内部でも再検討案が出ているという。米朝会談や朝鮮南北会談などが行われ、朝鮮半島情勢が激変している状況で、軍備拡大策一本槍の日本政府はあまりに硬直化している。満洲事変前夜の日本に似ているかもしれない。

満洲事変の三年前、一九二八年は、慌ただしい年だった。二月二〇日、国民の参政権の拡大である男子普通選挙が実施され、無産政党を含む多くの小党が林立して、〈選挙ブーム〉が起きた翌三月一五日には共産党への大弾圧が行われ、報道解禁となったのは四月一一日だった。その八日後の四月一九日には第二次山東出兵が閣議決定された。派兵された第六師団は五月三日、山東省の済南で蔣介石軍と衝突した（済南事件）。国民の関心が山東省に集中している時、翌六月四日には日本が援助していた中国の実力者張作霖爆殺事件が起こり、日本の新聞は〈満洲某重大事件〉として報じた。その月二九日、帝国議会では審議未了となった治安維持法改正が緊急勅令で行われ、死刑・無期刑を追加した。帝国議会にしか審議権のない法律を、政府がつくる勅令で改正するのは矛盾があり、批判が強かったが、帝国議会は次の議会で承認してしまった。それを受けて七月三日全国の県警察部に特高課を設置する勅令が出され、国民を監視する網は広がった。一方、八月二七日にはパリ不戦条約が調印され、国家の政策としての戦争放棄が取り決められ、一一月一〇日には昭和天皇の即位礼（「昭和の大典」）が京都で挙行され、お祝いムードが広がった。

目まぐるしいほどの事件やイベント続きの中で、国民は何を考えていたのだろうか。いや考える余裕や環境はあったのか。これと似た状況が二一世紀の今も繰り返されてはいないか。

## 4　権力は事実を隠す

さまざまに現状を見てきたが、歴史を少し振り返ってみよう。ポツダム宣言についてである。一九四五年七月二八日の『朝日新聞』や『読売報知』など各紙は、ポツダム宣言を掲載し、内閣情報局のコメントを併記した。基調は「多分に宣伝と対日威嚇」（『朝日新聞』東京本社版の見出し）というもので、これに騙されず、総力戦を戦い抜こうと呼びかけている。しかし、新聞に発表された「ポツダム宣言」は、現代の史料集などに掲載されているものと少し違う。第九項の文章を改竄している。ポツダム宣言自体は、中立国スイスのチューリッヒから同盟通信（日本の通信社）が「特電」として送った。

第九項「一、日本兵力は完全に武装解除せられること〔後各自の家庭に復帰し平和的且生産的の生活を営むの機会を得しめらるへし〕」

朝刊各紙では第九項の〔　〕部分が隠され、その前で文章が終わっているかのように書き換えられていた。これは兵士や国民の士気を低めないための措置と思われるが、真実を発表すれば厭戦気分は広がったかもしれない。実際、連日の空襲で厭戦気分は存在していたから。

こうした権力の情報隠しは現代にもつながっている。沖縄返還の際の〈核密約〉は佐藤栄作首相の承認したものだったが、長く秘密とされ、民主党政権になって外務省元高官が認め、検証された。それに比べると、二〇一七年の自衛隊南スーダン日報問題（実際は日報が残ってるのに、国会審議への影響を考慮し、「存在しない」と言い続けたが、最後に事実を承認せざるを得なくなった事件）や、モリ・カケ問題（財務省や文科省などに公文書が残っていないと言い続けたが、やはり事実を承認せざるを得なくなった事件）、二〇一八年の裁量労働制に関する調査資料問題（厚生労働省の提出資料が極めて杜撰で事実とかけ離れたものだった事件）など、公表しなければ世間にはわからない、という政府の姿勢を反映した事件が相次いだ。

## 5　政府与党の劣化

こうした事件はどう考えるべきなのか。五〇年前に『朝日新聞』の社説「明治百年、戦後二十年の政治」（一九六七年一月三日朝刊）は、「責任ある政治家たれ」という見出しで、ある忠告を発していた。

現在のわが政党政治家にただ一つだけ望むとすれば、責任ある政治家たれということである。その政治行動においては、あくまで責任倫理に徹してもらいたい、ということだ。

これは現在の政権にもあてはまるだろう。なぜ倫理観が欠けていくのか。それは政権党の驕りだと思われる。いったん下野した後、さまざまな手法で政権に復帰し、小選挙区制のおかげで国民の支持層は三〇％程度しかいないのに絶対多数を占めていて、強権政治で次の選挙も勝てるという驕りである。民意や少数政党に全く配慮することのない、いや選別し排除して専制権力をふるう全体主義国家となりつつある現代日本は、「戦争が出来る国」から「戦争を希望する国」へ向かい、最後に私たちは「戦争」を自らのものとするだろう。

▼「紀元二六〇〇年記念万国博覧会」（東京万博）と東京オリンピックを踏み台に「挙国一致」＝日中戦争勝利を

▼「明治一五〇年」と東京オリンピックを踏み台に「二〇二〇年を改正憲法の施行年に」（安倍首相の改憲集会へのビデオメッセージ）

両者はなんと似通っていることか。ただ一度目が現に遂行している日中全面戦争へ国民を総動員して勝利へ導こうという戦争重点型の国策だったのに対し、二度目の現在は、国民を総動員して政権の政策に〈自主的・自動的〉支持を与える国民づくりではないか。ジョージ・オーウェルの『一九八四年』が近未来に見える。それは拒みたい。

# 2　歴史研究における「明治」をみる眼
## ――「明治百年」から「明治一五〇年」への史学史として

石居人也

### はじめに

眼の前に示された、ひとつの歴史のみかたがある。それは、日本の明治期を、①「近代国民国家への第一歩を踏み出」すうえで、「多岐にわたる近代化への取組を行い、国の基本的な形を築き上げて」いった時代だとし、そのなかで②「若者や女性等が海外に留学して知識を吸収し、外国人から学んだ知識を活かしつつ、単なる西洋の真似ではない、日本の良さや伝統を活かした技術や文化も生み出」したというものである（内閣官房「明治一五〇年」関連施策推進室ウェブサイト、https://www.kantei.go.jp/jp/singi/meiji150/portal/ 二〇一八年九月一一日閲覧）。そして、そのようにみるべき明治を、あらためて「振り返り」「将来につなげていく」とり組みが、「明治一五〇年」だという。

もうすこしだけ掘りさげてみよう。ウェブサイトに示された趣旨は、きわめて端的なものだが、もとになっているのは、「明治一五〇年」関連施策各府省庁連絡会議が二〇一六年一一月二六日にまとめた文書「「明治一五〇年」関連施策の推進について」に示された、このプロジェクトの「基本的な考え方」である。そこでは、「考え方」が、A「明治以降の歩みを次世代に遺す」、B「明治の精神に学び、更に飛躍する国へ」の二点に整理されている。Aは①とほぼ対応し、いま明治をふり返る意義として、「激動の時代」を迎えた今日の日本の姿が、「近代化に向けた困難に直面していた明治期と重なるところもある」という。一方、Bは②と対応するものの、A→①に比して省略が目立つ。Bでは、明治期に、「出自や身分によらない能力本位の人材登用が行われ、機会の平等が進められた」といい、女性や若者は海外に出ただけでなく、「国内で新たな道を切り拓いたりした」という。ほかにも、技術や文化が「地方や民間」でも「発展」したこと、日本の実情にあわせた指導をおこなったり、日本の文化を評価して海外に紹介した外国人もいたこと、などにも言及がある。そのうえで、明治期の若者・女性・外国人などの「活躍」を知ることは「大変有意義」だとして、当該期を「生きた人々のよりどころとなった精神」をとらえ、「日本の技術や文化といった強み」を再認識することを目指すというのである。ここでいう「明治の精神」とは、おそらく「和魂洋才の精神」をさしているのだろう。

こうした「明治一五〇年」が示す歴史像やそれを生みだした背景、およびそれが目指すところは、しばしば五〇年前の「明治百年」と似ているとされ、警鐘が鳴らされてきた。たしかに、本書の「はじめに」にもあるように、日本の近代を「成功」の歴史として彩り、流布するべく、「明治維新」を「成功」の起点とみなし、その世界に対する優位性・正当性を喧伝しようとした「明治百年」は、その一方に間違いなくあった戦争や迫害や過ちや矛盾を捨象した歴史像を押しつけようとした。そして、「明治一五〇年」においても、それらが捨象されていることに変わりはなく、特定の歴史像へからめとろうという志向、眼前にある課題に向きあわない、あるいは向きあわせないようにするといった志向もみえ隠れする。ただ一方で、若者・女性・外国人といった等閑視されがちな存在をもちだし、「人々」を重視する姿勢もみせている。それは、「明治百年」が近代日本という国家の「成功」の物語を描きだそうとするなかで、ふるい落としてきたものを掬《すく》いとろうとしているかにもみえる。また、この間の歴史研究が、等閑視されてきた人びと・集団・地域から歴史を構想しようと模索をくり返してきたその姿にも通じるかのようである。ただ、「一五〇年」では、そうした「人々」の生の足跡は、「活躍」という観点からのみ掬いとられる仕組みになっている点には留意が必要だろう。

以上をふまえたうえで、本稿では、「明治百年」と「明治一五〇年」とを史学史的にとらえることを目指したい。具体的にはまず、「明治百年」をひとつの契機として、歴史研究が「明治」を、さらにいえば「明治」を介して日本の「近代」ないし「近代化」を、どのようなスタンスで、どのように問うたのか、あるいは問おうとしたのかを跡づける。そのうえで、「百年」から「一五〇年」にかけて、歴史研究において「明治」ないし「近代」ないし「近代化」は、どのように問われてきたのか、その足跡をたどってゆく。それらをとおして、「明治百年」の情況が「繰り返されようとしている」ともいわれる「明治一五〇年」の情況と、それぞれの歴史性を意識しながらどのように向きあうのか、その手がかりをさぐることを目指す。そのような意味でいえば、本稿は、歴史研究に携わる者にとって、自らの「足あと」をたどり、「足もと」をみつめなおす試みであるといえるだろう。

## 一　「明治百年」問題のなかで

### 1　「明治百年」のはじまり

まずは、「明治百年」をめぐる動きと、それへの歴史学界の対応からみてゆこう。[1]

「明治百年」は、一九六六年三月二五日の閣議において、明治百年記念の国家的行事としての実施が了解されたことに端を発する。[2] ほどなく、四月一五日の閣議で、明治百年記念準備会議を立ちあげることが決定された。九〇名ちかい準備会議のメンバーには、榎一雄・坂本太郎・林健太郎などといった歴史研究者が加わっている。[3] 第一回の準備会議(五月一一日)では、早くも一九六八年一〇月二三日に記念式典を実施することが決定されているが、この日は明治改元から一〇〇年であり、他の候補日程の根拠に比して政治色が薄いことが、選定の理由とされた。

では、「明治百年」において、「明治」はなぜ記念される必要があるとされたのか。準備会議の発足から半年が経過した一九六六年九月に、広報部会が発表した「明治百年を祝う」と題する文書では、「明治」が「世界史にも類例をみぬ飛躍と高揚の時代」「光輝ある時代」であり、「世界を鼓舞した壮挙もあれば、顧みてただすべき過ちもない(少なかった)とはいえ」ないが、敗戦後「急速に復興し繁栄」したことが「この時期に先人の築きあげた基盤が」いかに「偉大で強固なものだったか」の証左だとされている。具体的ではないものの、かろうじて「過ち」に言及しているあたりに、戦争が過去のものとはなっていない様子がうかがえる。ただ、「過ち」の省察が逆接を経て復興・

繁栄へと展開されているあたりをみると、ここでの「過ち」は「国民」の生命・生活を脅かしたことの関わりで省察されているのであって、加害への想像力は薄いといわざるをえない。

一方で、当該期の問題意識として、「現代の若人に共通の愛国的エネルギーの衰弱現象」がみられることが、「国家社会にとって重大」かつ「危険な問題」として念頭におかれていた(「明治百年を祝う意義と理由」『解説政府の窓』一九六六年一一月一日)。ゆえに、日本が「近代国家として発足した」明治以来一〇〇年における「幾多先人の苦心経営の事蹟を顧み、次の百年への希望をこめて決意を新たにする機会とする」(式典部会「明治百年記念祝典実施要綱」一九六六年一一月)というのである。「省み」ではなく「顧み」であるあたりに本音が透けてみえる。つまり「明治百年」では、明治以来の大枠としての「発展」の歴史と、そのなかにあった「過ち」としての敗戦からの復興・高度成長とを二重写しにすることで、ひとときの「過ち」や「苦心」も「発展」への跳躍板となった、とでもいいたげな歴史認識が提示されているのである[4]。

## 2　歴史学界の対応

このころになると、「明治百年」に対する歴史学界の動きもみられるようになる。先鞭をつけたのは、歴史学研究会(以下、歴研と略記)だった。歴研は、一九六六年一二月に「明治百年祭」批判臨時大会を開催し、松尾章一(「「明治百年祭」をめぐる情勢」)・佐々木潤之介(「維新変革の現代的視点」)・中塚明(「日本帝国主義とアジア――「明治百年」論批判」)・和田春樹(「現代的「近代化」論とわれわれの歴史学」)の四名が登壇している。議論の焦点は「明治百年」たる「現代」における「明治」理解、ひいては日本の「近代」「近代化」だった。

明けて一九六七年一月、歴研は会誌『歴史学研究』三二〇号で特集「「明治百年」と国民の歴史意識」を組む。荒井信一・遠山茂樹・永原慶二・中村政則・三木亘・山田昭次による巻頭の座談会では、当時の勤務校の高校生が歴史に「圧倒的に無関心」(荒井)、「こっちにとってショックになるような意見」がでてこない(三木)、歴史を学ぶ大学生についても「現実との関連」をとらえようという姿勢に乏しい(山田)といった現場での感覚から出発して、その一方にある「未来に向けての行動」に結びつきにくい「歴史ブーム」の存在(中村)、「一生懸命にやれば役立っていくと」「単純にいえない」歴史学の現状(遠山)、地方性や地域意識が「たえず反動の側にだけ利用されている」(永原)といった厳しい情況認識が吐露されている。続く論考でも、地域や地方における歴史の問題、歴史に携わる者の「社会的責任」と歴史教育の役割などが論じられ、歴史学と社会との接し方が問いなおされようとしている。

一九六七年五月の歴研大会では、「帝国主義とわれわれの歴史学」(総合部会)がテーマとして設定され、報告では「日本近代史の全体像」の構築が目指された。その前提には、「明治百年」「近代化」などを前面に掲げる歴史を「帝国主義的歴史観」とみなし、かかる歴史観が、「歴史における人民の役割を決定的に無視」ないし「故意に歪曲」することで、「科学的歴史学」の成果を否定し、「日本人民の真の歴史意識の形成を阻もう」としているとの危機意識がある。[5] また、同じ月に歴史科学協議会(以下、歴科協と略記)は、自らが編集主体となっての創刊号にあたる『歴史評論』二〇一号で、井上清が、天皇に対する「忠誠」を「近代的」に「合理化」し、「天皇主義」を目指すものだと「明治百年」を批判、明治以来の一〇〇年を「一つの連続体とする見方」を批判するとともに、「歴史の本質は変革にある」と歴史研究者が自覚し、「国民にも訴えていく」必要があるとした(「「明治百年」記念とどうたたかうか」)。この年の歴科協第一回大会も、「われわれの歴史学と「明治百年」批判」がテーマとして掲げられた。「科学的」であることを自らに課してきた戦後歴史学は、「明治百年」によって、その根幹が揺さぶられているとの危機感を強め、自らの足もとの見つめなおしをせまられたといえよう。そうした危機感は、歴研・歴科協に歴史教育者協議会(以下、歴教協と略記)を加えた三団体による明治百年問題三者協議会の組織へとつながる。協議会は、京都に拠点を構える日本史研究会(以下、日本史研と略記)とも適宜連絡をとることを確認、一〇月には、①侵略戦争への反省の欠如、②天皇中心主義、③アジアの大国としての民族的優越感を問題視するかたちで、「明治百年祭」反対運動を呼びかけてゆく。

一九六八年が近づき、「明治百年祭」まで一年を切るころになると、歴史学界の動きは一段と活発になる。歴研は、一九六七年一一月の特集「「明治百年祭」批判」において、「明治百年祭」の本質を「近代化」論と皇国史観を基礎としたものだとし、その歴史的位置は、政府・官僚・右翼・財界が統一戦線を組むことによって、中央・地方をあげて、①国家意識・民族意識を発揚し、②軍国主義思想を鼓吹して、③一九七〇年に控える日米安保の再改定への布石とするものだと読み解いてみせた(『歴史学研究』三三〇号、一九六七年一一月)。さらに「明治百年」を目前に控えた一二月九日には、「明治百年祭」をめぐる討論集会を開催、議長に永原慶二・藤井松一、報告者に板垣雄三・荒井信一を据えて、さきに呼びかけた「明治百年祭」反対の国民運動をもりあげる具体的なあり方を検討している。

おなじ一二月、歴科協は、『歴史評論』二〇八号で「「明治百年祭」批判」と題する特集を組み、遠山茂樹と日高六郎による「「明治百年祭」とどうとりくむか」をテーマとした対談を掲載、明けて一九六八年一月の二〇九号には、羽仁五郎の「「明治百年」と闘うわれわれの論理」を載せて、ひき締めをはかっている。また、日本史研も「「明治百年祭」に対する日本史研究会の態度」(『日本史研究』九五号、一九六八年一月)において、①「明治百年論」の欺瞞性・反動性を暴露して人びとの歴史意識を高め、②「明治百年祭」反対運動に「国民の運命にかかわる問題」としてとり組むとしており、高い緊張感をもって一九六八年を迎えた様子がうかがえる。

五月、歴研は前年度にひき続いて大会テーマを「帝国主義とわれわれの歴史学——国家と人民」とした。委員長の太田秀通は、大会にむけて歴研が直面したのは、「従来とりくんできた問題をいかにして明治百年批判の課題と結合させうるか」だったといい、それは「研究における継承と創造の問題」でもあると続けた(「大会を迎えるにあたって」『歴史学研究』三三六号、一九六八年五月)。そこには、「明治百年」問題に直面して突きつけられることになった、歴史研究と今日的課題との有機的な接続という課題が投影され、歴史研究の存在意義にも関わるとの認識がにじむ。準備されたパネルは、「前近代における国家と人民」(古代・中世部会)、「維新変革と階級闘争(農民闘争)」(近世・近代史部会)、「天皇制イデオロギーと民衆意識」「日本帝国主義と東アジア」(近代史部会)、「ファシズムと変革主体」(現代史部会)だった。また、同月発行の『歴史評論』二一三号では、特集「「明治百年」論批判」のもと、「明治百年」が提示する歴史認識をめぐって、安丸良夫が「新たな国家主義の論理」だといい(「反動イデオロギーの現段階」)、高橋磌一が、女性にとって、部落民にとって、沖縄県民にとって「百年」とはなにかと問いかけ、戦前と戦後の断絶を無視した「のっぺらぼう史観」だと解いてみせた(「日本人民にとって「明治百年」とはなにか」)。「明治百年」的な歴史認識を中央・上からの空虚なものとみなし、それに対して周縁・下からの生々しい歴史を対置しようとしている。

いよいよ「明治百年祭」が目前に迫った夏から秋口にかけては、より直接的な意思表明として、相次いで声明が発表された。七月一〇日には、大阪歴史学会・大塚史学会・地方史研究協議会・土地制度史学会・日本史研・北大史学会・歴研の七学会が呼びかけてとりまとめた「歴史学・歴史教育関係五四学会による声明」が、「明治百年」は、①歴史に対する一定の評価を政府が支持・宣伝することによって、②学問的研究をゆがめ、国民の自由な歴史意識の成長を妨げるものであり、③日本近代史の評価は歴史学の自由な研究を基盤としてのみ正しくおこないうる、として反対の意思を表明した。歴研はまた、直後の七月二五日にも「明治百年祭に関する声明」を単独で発表している。そこでは、「明治百年祭」を提唱する「かれら」と、「広範な国民大衆とむすびつきながら百年祭に反対する運動を進めてきた」「われわれ」という構図のもと、「明治百年祭」と地方に焦点をあわせ、自治省が知事に参加・協力を要請していること、とりわけ鹿児島・沖縄をめぐる動向を問題視している(『歴史学研究』三三八号、一九六八年七月)。九月にはいると、学会の枠を超えて、歴史研究者・教育者三六七五名が声明を発し(一九六八年九月)、「明治百年」は①特定の評価の支持・宣伝であり、②歴史研究の成果の否定、非合理な歴史解釈の押しつけだと批判した。この声明を掲載した『歴史学研究』三四〇号(一九六八年九月)には、声明への賛否の意思を表明するためのはがきがはさみこまれており、声明への賛同のさらなるひろがりが期待されていたことがわかる。

### 3 一九六八年一〇月

式典が予定されていた一〇月の一日、ひとつの大きな動きがみられる。従来、「明治百年」に関して表だって意思を示してこなかった、あるいは反対運動に対して距離をとってきたかにみえた史学会が「「明治百年祭」に関する声明」を発表したのである。声明では、「百年」が、学問的成果を無視し、「歴史観に一定の方向を与え、政府の期待する「国民」の育成を図るもの」だとして批判、他の学会と歩調をあわせることとなった(『史学雑誌』七七編九号、一九六八年九月)。こうして、「百年」への反対の声がひろがるなか、一〇月一九日には、三者協の主催で「明治百年祭」に反対する歴史研究者・教育者の集会が開催された。この集会は、「百年」への反対派だけでなく、それともかさなりをもちつつ展開されていた紀元節(復活)反対、靖国神社国営化反対、家永教科書裁判支援などの運動との接続を意識したもので、これをうけて各地で反対集会が催されることとなった。

政府主催の「明治百年」記念式典が日本武道館で開催(一〇月二三日)された一〇月は、歴史学界にとっても、それまでの「百年」反対運動をみつめなおし、「百年」をめぐる論点を整理して示すひとつの機会となった。歴研は一〇月発行の『歴史学研究』三四一号で、特集「天皇制イデオロギー——「明治百年」批判」を組んだ。タイトルにも端的にあらわれているとおり、歴研は天皇制イデオロギーを「百年」が浮き彫りにした論点の象徴として、「人民主権か天皇主権か、戦争か平和か、独立か従属かの重大な分岐点」たる一九七〇年の「前哨戦」と位置づけた。それは、「ひろがりと内容において」決して「十分であったとはいえな」かった「百年」反対運動に[6](「「明治百年祭」にたいする本会の基本態度」)、つぎにつながる意味を与えようとしたものと映る。

また、この特集には、民衆史研究の立場から、色川大吉・安丸良夫・鹿野政直の三名が揃って寄稿している点でも興味深い。色川は、①支配階級による「支配的思想」=「近代化論」の形成、②民衆の思想的混乱、③「頂点的思想」と「底辺意識」の断絶という三つの問題を視野に入れて、「天皇制イデオロギー」と「民衆意識」とを「統一的にとらえる」試みが必要だと訴える。それはたとえば、幕末から自由民権期が、天皇制国家と民衆との対立・抗争関係の一方で、国家が家制度を武器に村落内部を手の内に収めてゆく過程でもあることをどうみるのかといった点に端的にあらわれているという(「天皇制イデオロギーと民衆意識」)。安丸は、近代社会成立期における民衆思想を研究する意義を、①日本の近代化をその最基底部から支えた広汎な民衆の内面性をとおしてとらえることによって、②近代日本のイデオロギー構造の全体をとらえることだというとともに、③民衆の伝統的・日常的世界に密着しつつ、しかもそれをのりこえてゆく真に「土着的」な思想形成の可能性をさぐる必要があるという。具体的には、天理教を例に、明治中期以降、日本の民衆が発展させてきた平民的道徳は、次第に強く天皇制イデオロギーのなかに編成され、偽善的・欺瞞的に人びとをしめつける一方、その偽善性・欺瞞性に気づいた者は道徳の外へと向かうと述べ、平民的道徳をもっとも良質な部分で受け継ぎ発展させようとしたのが内村鑑三や田中正造だという(「近代化過程における民衆道徳とイデオロギー編成」)。また鹿野は、思想家による論理と民衆による受容の双方に着目する自らの民衆思想史の立場から、民衆のなかに「近代」批判の意識が芽生え育つ画期として日清戦争を、そしてそこへの歩みをたどる起点として自由民権運動の解体を位置づける。それは、ブルジョア的自治や市民的価値が体制と癒着しはじめる転換点が明治二〇—三〇年代という考えにもとづいているという。あわせて、安丸によって掘りおこされた民衆が、ただちに色川の発見した民衆へ連なってゆくのかは検討を要するとして、国家に包摂される民衆と立ちあがる民衆のいずれが民衆の実態かとの問いを投げかけている(「〝近代〟批判の成立——民衆思想における」)。「明治百年」との対峙は、「近代」をどのようにつかまえるのか、また「民衆」をどのようにつかまえるのか、との問いとなって歴史学界に受けとめられることとなった。

史学会は同月発行の『史学雑誌』七七編一〇号に、遠山茂樹「明治百年記念式典と歴史学」を掲載、歴科協は、同月の『歴史評論』二一八号で特集「近代日本の歴史をどうみるか」を組み、そのなかで犬丸義一は「真の日本近代百年の歴史」としての労働者階級の一〇〇年を描く必要があると述べた(「歴史の真実と「明治百年」」)。歴科協はさらに、翌一九六九年二月の『歴史評論』二二二号で、科学運動を呼び起こすものとして「明治百年」をとらえ、「明治百年祭」が国民不在の「記念式典」であり、「百年祭」の側の敗北であると反対運動を総括する一方、学界を超えた「国民運動」の必要性を訴えている。

## 4　導きだされた課題

このような「明治百年」の経験とその批判的検討から、歴史学界は三つの課題を導きだすことになる。ひとつは、国民の歴史意識形成への働きかけである。これはさきの『歴史学研究』三二〇号の座談会に象徴的だが、高校・大学生の微温的な政治への関心や歴史意識、その一方で社会にひろがる歴史への意欲や歴史ブームの存在から、教育以外のチャンネルがもつ力が認識されるなか、歴史学の有効性・固有性とは何かとの問いが生じ、現代の歴史的把握が目指されてゆく。また、地域ないし地方における「明治百年」に目が配られ(「地方の「明治百年」記念行事に関する資料」『歴史学研究』各号)、「顕彰」に傾きがちな地域の歴史に対して、いかに「配慮の行き届いた提案」ができるか、換言すれば地域・個人の評価に還元しない歴史の描き方が求められることとなる。(7) ここからは、あらためて歴史研究者の社会的責任として歴史教育がクローズアップされることとなった。(8)

ふたつ目は、「明治百年」的歴史認識が有する虚構性に対する学問的追究とそこに込められたイデオロギーの理論的・構造的分析である。それは、幕末維新期の「実証」研究に色濃くあらわれ、「明治百年」的歴史認識が皇国史観と「近代化」論とをないまぜにしたものととらえる立場から、「近代化」論批判へと展開されることとなった。そこでは、いわゆる近代化の「ダーク・サイド」が注視され、さまざまな集団・階層の動向を重視した「近代化」論が求められることとなった(金原左門「「日本近代化」論の歴史構成をめぐって」『歴史学研究』三二二号、和田春樹「現代的「近代化」論とわれわれの歴史学」同三二二号)。このように、「明治百年」批判が「近代化」論批判として展開されたことは、「明治百年」的歴史認識に対してどのような立場をとるにせよ、「明治」を問うことは日本の「近代」ないし「近代化」を問うこと、という枠組みをつくりだすこととなった。とりわけそこでの「近代」「近代化」への問いは、天皇制・帝国主義に対する問いとして具体化された。

三つ目は、「われわれの歴史学」の点検・構築である。「明治百年」的歴史観に対峙しようとするなかで、歴史学界は自らのよって立つところを「われわれの歴史学」とくくりだした。それゆえ、「われわれの歴史学」は、自らに内在する「近代主義」の克服を徹底しようとし、そのための内部の相互批判の必要性が再確認されることともなった（板垣雄三「和田報告によせて」『歴史学研究』三三二号、一九六七年三月）。そして、ひとつ目の課題ともクロスしながら、地域住民の歴史意識へのはたらきかけ、さらには地域ないし地方や民衆における歴史研究の必要性が自覚されてゆく。ここに至って、地域・地方・民衆は一方で「われわれの歴史学」の重要な担い手、他方で「われわれの歴史学」による分析の対象として認識されることになったのである。

## 二 「われわれの歴史学」へ

### 1 「近代」「近代化」への問いと「草の根」性

「明治百年」と対峙するなかでくり返し唱えられた「われわれの歴史学」は、ポスト「百年」の歴史学界においてどのような実践と結びつくことになったのか。いいかえれば、「明治百年祭」反対運動の経験が、その後の歴史学界にどのような影響を及ぼしてゆくのかを、つぎにみてゆくことにしよう。

「明治百年」的歴史認識に対する批判を念頭においた「われわれの歴史学」は、前述のように「近代」「近代化」の問いなおしを強く意識することとなった。それは、具体的な研究実践において、大きくふたつの展開を遂げてゆく。ひとつは、地域や民衆を叙述の主対象に据えた、地域ないし民衆にとっての「近代」「近代化」を描きだすという実践、いまひとつは、地域ないし民衆が主体となって「近代」「近代化」を問いなおすという実践である。

「近代」や「近代化」への問いは、いうまでもなく「明治百年」とそれへの反対運動のなかではじめて醸成されたものではない。たとえば、「世界史の基本法則の再検討」や「世界史像の再構成」といった戦後歴史学が追究してきた課題のなかでもそれらは、重要な問いのひとつだった(特集「近代化をめぐる理論的諸問題」『歴史学研究』三〇九・三一一号、一九六六年二・四月)。そこでは、日本における明治維新をどのようなものとして理解するのかが、日本の「近代」「近代化」の評価をめぐる一大論点となり、それはまた維新の原動力となった「変革主体」をどこにみいだすのかという論点を導くことにもなった。「明治」への時代の転換が、「復古」を掲げながら進められたこと、すなわち天皇制を「近代」や「国家」との関わりにおいてどのようにとらえるのかとの問いもまた、既存のものだったといえよう(歴研近代史部会「天皇制国家の成立過程」『歴史学研究』三一六号、一九六六年九月)。

そうしたなか、「われわれの歴史学」を象徴する研究対象となったのが、「第二の維新」とも称された自由民権運動である。この「第二の維新」という物言いの背景には、明治維新は「変革」への第一歩、換言すればあるべき姿に照らして不全に終わっているとの認識がある。つまり、自由民権運動の運動家(民権家)のなかには、自分たちこそが維新の精神を引き継ぐ「維新変革」の正当な後継者であるとの自負をもち、近代天皇制を明治維新の延長線上において正当化しようとする政府に対する批判を展開しようとする者もあったのである[9]。そうした、ともすれば「反政府」の烙印を押されかねない者たちの意識や実践を掬いとるべく、従来注目されてこなかった、あるいはされにくかった者たちの歴史の掘りおこしや、顕彰が進められた。こうした歴史は、「草の根の民衆史」などと称され、いわゆるアカデミズム歴史研究者によっても担われたが、一方で、各地域で、かならずしもアカデミズム歴史研究の世界に属さない人びとによっても、精力的に掘りおこしがおこなわれた。つまりここでの「草の根」には、研究の対象にみいだしうる「草の根」性と、研究の担い手にみいだしうる「草の根」性とがないまぜになって流れ込んでいるのである。こうした「草の根」的なひろがりによって、自由民権運動研究は、一躍、日本近代史研究の花形テーマになっていったといえよう。

## 2　歴史研究者にとっての一九六〇―七〇年代

では、「明治百年」問題対応に歴史学界が激しく動いた前後の時期、すなわち一九六〇年代から七〇年代にかけて、歴史研究者は社会との接点において、何を考え、どのように行動し、それがどのような研究へとつながったのか、ここではふたりの研究者を例にさぐってみることとしたい。

まずは、早くから民衆・地域を研究対象とし、幕末から民権期を通時的に見通そうとしてきた研究者のひとり、色川大吉である。多摩地域での史料調査をベースとして、一九五〇年代から民衆・地域に焦点をあわせて、明治という時代を把握しようとする研究をかさねていた色川は、六四年に、代表作のひとつとなった著作『明治精神史』(黄河書房、一九六四年)を上梓する。そこでは、従来の思想史にみられる「頂点的思想」の系譜に対して、「底辺意識」の視角から明治期を精神史的に描きだすことが目指された。その姿勢は、同じ時期に中央公論社から刊行された通史「日本の歴史」シリーズの第二一巻『近代国家の出発』(中央公論社、一九六六年)にも反映され、「地方巡幸」の章を枕とする同書は、「村の維新・村の開化」から「自由民権」へと論を展開することで、地域や民衆にフォーカスしながら明治前期を描きだす。

そんな色川の眼に、「明治百年」的な歴史認識が問題と映ったのはいうまでもないが(『明治の精神——底辺の視座から』筑摩書房、一九六八年)、一方で「明治百年」に対する歴史学界のとり組み方にも多くの問題があったという(「「明治百年祭」をめぐって」『歴史学研究』三三三号、一九六八年二月)。色川にいわせれば、「明治百年祭」批判運動における虚偽意識の暴露、すなわち「明治百年祭は現代ファッシズムの思想と運動」だと訴えても、「一般の国民」には響かない。きちんと届くようにアピールするには、「国民の中深くに生きている」「無残な戦争」や「非常な被害」に訴えてゆく必要があり、それは政府が捨象している平和憲法や民主主義の問題と「一番深いところでかかわり合っている」というのである。また、そこからさらにふみこんで、日本の歴史学界は「積極的な像」を提起することに関する蓄積が乏しいことが問題だといい、八割程度は「虚偽意識の暴露でいい」が、残りの二—三割は「未来への出口を明確に提起するような形での反対運動」を組みたてて欲しいと述べている。ここでいう日本の歴史学界に対する色川のスタンスはかならずしもあきらかではないが、色川が歴研会員として一九六八年の大会で登壇していることに鑑みれば、歴史学界における内在的な批判として受けとるべき指摘だといえよう[10]。

この指摘を自らにも向けるかのように、一九六八年に色川は、自らが主宰するゼミの学生とともに「民衆憲法」のひとつ、「五日市憲法」を「発見」し、さきに出版した『明治精神史』の増補版（黄河書房、一九六八年）を上梓、その後さらに手を加えて、新編（筑摩書房、一九七三年）へとブラッシュアップしてゆく。そこで色川は、ただ地域に生きる民衆に焦点をあわせたのではなく、安丸良夫のいう「通俗道徳」型思想の「呪縛を破った」、あるいは破ろうとした者たちに焦点をあわせることで、「近代」「近代化」を民衆に即して描きなおそうとしたといえよう。

もうひとり、遠山茂樹をとりあげる。戦後の歴史学界で日本近代史研究を牽引してきたひとりである遠山は、一九五〇年代に『明治維新』（岩波書店、一九五一年）を上梓し、『自由党史』全三巻（岩波文庫、一九五七・五八年）の校訂や『自由民権期の研究』全四巻（有斐閣、一九五九年）の編集など、明治維新・自由民権運動のいずれをも研究対象に収めていたが、一九六〇年代までの軸はどちらかといえば明治維新にあったといえよう。「明治百年祭」に際しては、「明治百年問題」をとおして明らかになった歴史学界の課題として、「学問研究の社会的責任を明確にすること」をあげ（「明治百年記念式典と歴史学」『史学雑誌』七七編一〇号、一九六八年一〇月）、学問の自由を「国民の思想の自由の問題」とするために、「歴史研究者は国民の歴史要求の前に裁かれなければならない」と、研究者自身に厳しい省察を求めている（「「明治百年祭」と学問・教育」『歴史評論』二二二号、一九六九年二月）。このような、研究成果の「社会」や「国民」への還元とその評価に対して緊張感をもつべきとの指摘は、遠山自身によっても実践され、『明治維新と現代』（岩波新書、一九六九年）となって実を結ぶ。

一九七〇年代に入ると遠山は、「天皇制と日本帝国主義」（『歴史評論』三〇〇号、一九七五年四月）、

「天皇制と日本近代」(『日本史研究』一七七号、一九七七年五月)をはじめ、家永教科書裁判、原水爆禁止運動、歴史教育など、歴史研究者の立場からアクチュアルな課題にせまるとり組みをかさねてゆく。そして、一九七九年には、共編著『明治国家の権力と思想』(吉川弘文館)、「自由民権思想と現代」(『世界』三九八号、一月)によって、一九五〇年代に手がけた自由民権運動への言及をたて続けにおこなうようになる。ただ、七〇年代末の民権研究への言及は、単に五〇年代以来の再開としてあったのではなく、「明治百年」への対峙をとおして自覚した、運動の現代的意味の検討を強く意識したものとなった。そこには、厳しい自己省察のもと、「国民」とともに歴史、とりわけ「近代」「近代化」を考えようとの意思があらわれているようにみえる。この流れは、一九八〇年代になるとより加速してゆく(11)。

### 3 「自由民権百年」へ

一九八〇年代は、「自由民権百年」運動の時代でもあった。これは、政府主導による「明治百年祭」に、市民運動としての「自由民権百年」を対置するかたちで、全三回の全国集会を開催したものである。「自由民権百年」と称された全国集会は、第一回が神奈川県民ホール(横浜市、一九八一年)、第二回が早稲田大学(新宿区、一九八四年)、第三回がＲＫＣホール・高知女子大学・高知短期大学(高知市、一九八七年)でそれぞれ開催され、とりわけ第一回は、大変な盛りあがりをみせた。「自由民権百年」は、市民・歴史研究者・学校教員・史料所蔵者(運動家の子孫)など、場合によっては自治体を巻きこんでのとり組みを喚起し、地域における運動や運動家の掘りおこし、研究や顕彰を活性化させた。そのような意味で、まさしく「草の根」の歴史運動であり、「われわれの歴史学」の象徴的な実践であった。その先頭、つまり全国集会の実行委員長となったのが、遠山茂樹だった。

第一回全国集会で遠山は、実行委員長として基調報告にたち、「自由民権百年」の全国集会を、「こんにちの民主主義が当面している諸問題を自由民権運動の歴史と重ね合わせて自由に討論」する場だとするとともに、「みずからの足と目によって歴史の真実をさぐりあてることに喜びをもつ歴史好き」の「歴史を語り合う楽しい会合」と位置づけた（自由民権百年全国集会実行委員会編『自由民権百年の記録――自由民権百年全国集会報告集』三省堂、一九八二年）。意識されているのは、現代的課題へのリンクと「楽しさ」を糸口とした間口の拡張である。そこからもう一歩ふみこんだのが、スピーカーのひとり、色川大吉だった。色川は集会参加者を前に、自由民権運動における「殉難者の名誉回復」や、「退廃しつつある住民の歴史意識を変える」「現代の民権運動」の担い手として地域有志、すなわち集会参加者をくくりだし、「民衆決起一〇〇年」つまり困民党事件から一〇〇年にあたる一九八四年まで、「現代の国民運動」として継続させるように呼びかける（「現代と自由民権運動」前掲『自由民権百年の記録』）。あやうさもあるように聞こえるが、色川一流の話術を想起すれば、満員の会場が大いに沸いたであろうことは、想像に難くない。

「自由民権百年」がもったもうひとつの意味は、「民権百年」運動の地域的なひろがりと、それにともなう自由民権運動評価そのもののひろがりである。自由民権運動は、運動当時には反政府運動のレッテルが貼られ、その後、政治的・学術的にくり返し意味づけがしなおされたものの、初期のイメージは一方では根強く残った。そのことが、史料所蔵者である子孫の姿勢を頑なものにしてきたという側面もある。そうしたなか、「自由民権百年」の盛りあがりと地域的なひろがりは、歴史研究のなかではこれに先だって指摘されていた、「草の根」の民主主義、換言すれば自由民権運動を日本における民主主義のさきがけとするイメージの浸透に寄与し、自由民権運動の社会的な認識のあり方そのものに大きな影響を及ぼしていった。このように、「自由民権百年」というかたちをとって立ちあらわれた「われわれの歴史学」は、「明治百年」によって奪われた「近代」「近代化」をめぐる物語を、「われわれ」のもとにとりもどそうとする実践だったともいえよう。[12]

## 三 「われわれ」の断層

「明治百年」から「自由民権百年」への流れの水面下にあった歴史学界の研究潮流は、民衆（運動）史や社会史であり、それは場合によっては、「近代」「近代化」に対する懐疑をともなった。それは、さきにも触れた「明治百年」の際の安丸良夫と鹿野政直それぞれの議論のなかにもうかがうことができる。そこでは、安丸は「近代」なるものにそもそも懐疑的な眼差しを向けていたし、鹿野は民衆自身による「近代」批判の萌芽をみようとしていたといえよう。

一方、「明治百年」と「自由民権百年」のいずれからも距離をとり、両者のいずれとも異なる視角から、「近代」「近代化」のイメージに揺さぶりをかけたのが坂野潤治だった。坂野は、研究者が「固定的な「体制」と「運動」のイメージから自由に」なりさえすれば、「近代日本の歴史は結構波瀾に富んでいた」ことが自ずとみえてくるはずだと述べ、明治政府の基盤の脆弱性やそれにともなう不安感を視野に入れず、強固な権力基盤をもったものという前提のもとに「体制」をとらえ、それに憶することなく抗する「運動」像を構想することがもつあやうさを指摘している（坂野潤治「明治百年」と「民権百年」『世界』四三二号、一九八一年一一月）。

「自由民権百年」によって「民主主義のさきがけ」イメージがひろく定着しつつあった自由民権運動は、一方でその歴史的評価にも関わる重大な論点をかかえていた。そのひとつは大阪事件である。一八八五年、運動の閉塞情況を打開するために、民権家の一部が朝鮮に渡って朝鮮の開化派とともに朝鮮政府を打倒し、朝鮮に対する宗主権を有してきた清の緊張感を高めて、日清間に摩擦を生じさせ、それによって動揺した日本政府を打倒しようという計画だった。結果的に、事前に計画が発覚し、未遂に終わった事件だったが、「民主主義のさきがけ」が内包する利己主義、換言すれば対外膨張主義への予感をどのようにとらえるのかは、一大問題だった。一九八〇年代、それは往々にして、自由民権運動からの逸脱として処理され、あるべき運動像は守られた。だがおなじころ、一部の研究者のあいだでは、大阪事件をはじめとした激化事件をとおしてみえてきたものもまた、自由民権運動がもつひとつの重要な側面として自覚的にとらえ、それも含めて運動をどう評価するかが問われるようになっていた（大阪事件研究会編著『大阪事件の研究』柏書房、一九八二年）。つまり、「われわれの歴史学」が描きだす歴史もまた、帝国主義的な欲望から自由ではありえないと自覚することが求められるようになったのである。[13]

いまひとつの論点は、困民党事件である。負債を抱えて困窮した民衆が、租税の減免や債務の返済条件の緩和などを求めて徒党を組んで立ちあがった負債民衆運動としての困民党事件をめぐっては、豪農などの中間層を主体とする民権家の多くが、近代的な規範に照らして説明のつかない困民党の運動論理に理解を示そうとせず、場合によっては正面から対立するなど、中間層と民衆との一筋縄ではゆかない関係性が露呈する。そうした事態をうけて民衆(運動)史研究は、民衆(運動)に固有の論理を重視することによって、むしろ「近代」「近代化」を批判的に問おうとした(稲田雅洋『日本近代社会成立期の民衆運動』筑摩書房、一九九〇年、鶴巻孝雄『近代化と伝統的民衆世界』東京大学出版会、一九九二年、など)。それらは、従来の政府―民権家・民衆という構図では歴史をとらえ損ねかねず、すくなくとも政府(為政者)―民権家(中間層)―民衆の三すくみの構造でとらえる必要があると告げている。それは、見方を変えれば、「われわれの歴史学」が描きだす歴史の前提となっていた「われわれ」のなかにも断層が存在することへの自覚を促すものでもあった。

「近代」「近代化」を価値化することに対する疑義はまた、「文明」「文明化」という問いの模索へ展開することともなった。「文明」は、国民国家の形成を急ぐ政府によって、また国民国家の形成につながるさまざまな価値や規範を率先して内面化したり、させたりしようとする人びとによって、しばしば用いられた。その対極にあるのは「野蛮」であり、ある物事や事象が、特定の価値や規範に照らして望ましければ「文明」、そうでなければ「野蛮」とレッテルが貼られることとなった。そうした価値化の力学に着目して、「文明」や「文明化」がどう語られたのか、どうみせられたのか、どう経験されたのか、に着目して歴史をとらえようとする試みもおこなわれている。

さきの三すくみの構造はまた、なぜ民衆は国家にからめとられたのかという問いとも結びつき、国民国家論へと展開されてゆく。そこでは、単純にからめとる国家とからめとられる民衆が措定されるわけでは、もちろんない。からめとろうとする国家に対するのは、からめとられうる人びとのみならず、国家と「共犯」する人びとでもある。これは、「主体化」が有する両義性をめぐる問いでもあった。具体的に、自由民権運動に即していうと、近代国民国家の形成を志向するという点に着目すれば、政府と民権家のあいだには、すくなくとも民権家と困民党のあいだほど大きな隔たりはないとみえてしまう(牧原憲夫『客分と国民のあいだ』吉川弘文館、一九九八年)。これは「われわれの歴史学」が措定していた「われわれ」と「かれら」の境界が問いなおされる必要があることを意味し、「われわれ」の措定が容易ではないことを物語ってもいるのである。実際、自由民権運動を「草の根の民主主義」ないし「民主主義のさきがけ」として意味づける土台となっていた「われわれの歴史学」というフレームのゆらぎは、自由民権研究の停滞をもたらすことにもなった。他方、「自由民権百年」に際して、精力的に掘りおこしが進められた結果、地域の近代史の文脈から突出することとなった自由民権運動は、研究の停滞にともなって、地域の歴史のなかでも置きざりにされつつある。

## おわりに

「明治一五〇年」に際して示されようとしているのは、「明治百年」のときのような単なる「成功」の物語とは異なり、見落とされてきた者たちの「活躍」に光をあて、そうした人びとの「活躍」をつむいで織りあげる苦闘と克服の物語である。これは、低成長の時代を生きる人びとにとってのリアリティや、耳馴染みのよさという点では、訴求力をもちうる歴史認識だといえよう。つまり、容易には「発展」や「希望」を描けないなかで、いかに「届く」歴史を構想できるのかという模索のなかから生みだされたものといえるのではないだろうか。このような歴史認識を前にして、どのような歴史が構想できるのかが、いま問われている。[14] そうした問いにこたえるべく、これまでに続けられてきたさまざまな模索のなかから抽出しておきたい論点に言及して、本稿を終えたい。

わたしが着目したいのは、「わたし」たちの歴史へという構えである。「明治百年」との対峙のなかで強調された「われわれの歴史学」とそれが描きだす「われわれの歴史」は、さきにも述べたように、前提となる「われわれ」を容易には措定しえないという壁に直面しているといわざるをえない。そもそも「われわれ」には、担い手としても、対象としても措定できるという特徴があったわけだが、そのいずれもが揺らいでいる。その原因をあえてさぐるならば、「明治百年」の批判点が、一面的な歴史認識の押しつけにあったわけだが、じつはそれに対峙しようとした「われわれの歴史学」も、結果的には「明治百年」とは別の、ひとつの立場に立とうとしていたのではないか、という考えにゆきあたる。そうだとすれば、よって立つべきは、「われわれ」というひとつのまとまりではなく、「わたし」という個の集合体としての「わたし」たち、ではないかとおもうのである。

歴史学は、二〇〇〇年前後に、いわゆる言語論的転回を経験することになった。言語論的転回を経た歴史学では、書き手の存在を捨象して「客観的」に歴史を描くのではなく、むしろ描く「わたし」という存在を自覚化したうえで、歴史を描くことが求められるようになった。そうした流れのなかでなされた、「わたし」を起点に「われわれ」をつくりだす国民国家なるものを読み解こうという試み（牧原憲夫編『〈私〉にとっての国民国家論——歴史研究者の井戸端談義』日本経済評論社、二〇〇三年）は、「わたし」たちの歴史を構想するうえで示唆的である。また、唯一絶対のものとして「近代」「近代化」をとらえるのではなく、ひとりひとりによって経験されたものとして「近代」「近代化」を問うこと、換言すれば、「わたし」の前に立ちあらわれた「近代」「近代化」ないし「文明」「文明化」をみつめる試み（安丸良夫『文明化の経験』岩波書店、二〇〇七年）もまた、示唆に富む。

ただ、一方で留意を要する点もある。ひとつは、「わたし」に即すことによって生じかねない、際限のない相対化・個別化・分散化への留意であり、いまひとつは、「明治一五〇年」において、「わたし」の「活躍」という経験がひきだされようとしていることへの留意である。そのような陥穽にはまらないためには、「われわれ」という旗を簡単には掲げられない情況のなかで、「わたし」とどこまでも向きあうとともに、個人に還元してよしとしないことが肝要なのではないだろうか。両者のバランスをとるのは容易ではないが、それを手放すことなく、あくまでも「わたし」たちの歴史として対象をとらえ、考えることが「明治一五〇年」のいま、そしてこの先に求められているのだと、わたしは考えている。

（1） ここでは、「明治百年」への歴史学界の対応を、当該期の全国規模の歴史学会、とりわけ史学会・日本史研究会・歴史科学協議会・歴史学研究会を中心にみてゆくこととする。なお本節は、佐藤伸雄・梅田欽治「国民の歴史意識と歴史学」（歴史学研究会・日本史研究会編『講座日本史10』東京大学出版会、一九七一年)、峰岸純夫「六〇年代の権力のイデオロギー攻勢と国民の歴史意識——「紀元節」復活・「明治百年祭」を中心に」(歴史学研究会編『現代歴史学の成果と課題1』青木書店、一九七四年)などを参照している。

(2) 二〇一六年一〇月七日の官房長官記者会見で事業計画が公にされた「明治一五〇年」よりも、半年ほど早い動きだしである。

(3) 「明治一五〇年」の第一回関連施策各府省庁連絡会議(二〇一六年一一月四日)には、山内昌之が出席している。

(4) かかる歴史認識のもとで実際におこなわれたおもな記念事業は、国土緑化、国立歴史民俗博物館の建設や『明治天皇紀』の公刊などの歴史の保存・顕彰、「青年の船」事業などである。

(5) 中村政則・江村栄一・宮地正人「日本帝国主義と人民——「九・五民衆暴動」(=「日比谷焼打事件」)をめぐって」(『歴史学研究』三二七号、一九六七年八月)。報告はほかに、犬丸義一「コミンテルンとアジア」、坂口勉「歴史教育における独占資本のイデオロギー」。

(6) 一方、同稿のなかで、「百年」反対運動は政府に「相当の打撃をあたえた」とも述べられている。

(7) 高知新聞社編『土佐百年史話——民権運動への道』(浪速社、一九六八年)は、民権運動にいたる前史として明治維新が描かれており、「明治百年」期の地域における歴史叙述としては、異彩を放っているといえよう。

(8) 新藤東洋男「歴史学研究者の社会的責任と歴史教育——歴史学の「混迷と停滞」を克服するもの」(『歴史学研究』三二〇号)。この時期には、一方で家永教科書裁判などをとおして、歴史研究と歴史教育の関係のあり方が問いなおされていたことにも留意する必要がある(特集「大学における歴史教育」「教科書裁判」『歴史学研究』三三四・三四〇号、一九六八年三・九月)。

(9) ただし、正当化原理としての天皇制そのものを否定する主張は、民権家の側にあっても、かならずしも強くない点には留意する必要がある。一方、そうした「第二の維新」の自負は、一八九〇年代、民友社に集った平民主義者などにもみられる。

(10) 色川は、思想の科学研究会の鶴見俊輔、同会の参加者で、一九六〇年代初頭から「明治維新百年祭」を提唱し、明治を否定的にとらえようとしつつも、明治の拘束性から自由にはなれないことを自覚してもいた。竹内好らとの座談会「維新の精神と構想」には、歴史学者の立場で臨んでいる(『展望』一一四号、一九六八年六月)。

(11) 『自由民権と現代』(筑摩書房、一九八五年)は、その代表的な作品だといえよう。

(12) ここでは、描き方こそ異なるものの、「近代」や「近代化」に一定の価値がみいだされているという点において、「明治百年」と土台を共有していることに留意しておきたい。

(13) ただし、このような運動評価は、二〇一〇年代でも、かならずしもひろく受けいれられるものとはなっていない。

(14) 今日的な情況のなかで自由民権運動を描くとすれば、という自覚のもとにまとめられた一書として、松沢裕作『自由民権運動――〈デモクラシー〉の夢と挫折』(岩波新書、二〇一六年)がある。

# 3 明治はどう教えられてきたか
## ――近代の日朝関係を教える課題をめぐって

関原正裕

### はじめに

政府の「明治一五〇年」施策の基本的な考え方は、「若者」「女性」「外国人」に焦点を当て、明治期の「日本の技術や文化といった強みを再認識し、現代に活かすことで、日本の更なる発展を目指す基礎とする」というものだ。明治の先人たちが築いた近代化に関わる技術や文化の「強み」を再確認し、自信を持って国民こぞって今後の日本の発展のために力を尽くそうというのだ。安倍政権が「国難」ともよぶ少子化への対策に対応して「若者」、女性活躍の施策に対応して「女性」など、自らの目玉政策推進の動機付けに利用しようと工夫を凝らしてナショナリズムの発揚と国民の統合に「明治一五〇年」を利用しようとしているといえよう。

しかし、明治の近代化の過程は、同時に帝国日本のすさまじい武力による対外膨張と侵略の歴史でもある。そのことは朝鮮に対する侵略と植民地支配の歴史が雄弁に物語っている。視角を朝鮮に向けて明治日本の歴史を見ることにより、その本当の姿を知ることができるだろう。

明治を礼賛する「明治一五〇年」史観がナショナリズムの発揚、国民の統合に有効に機能するかしないかは、侵略と植民地支配の歴史認識がどれだけ国民的なものになっているかにかかっているのではないだろうか。

本稿では、戦後歴史学とともに歴史教育に取り組んできた歴史教育者協議会（以下、歴教協）の教員たちが、一九六〇年代後半、政府の「明治百年」事業が進められていた時代にどのような課題意識をもって近代日本と朝鮮の植民地支配についての教育を実践してきたかを明らかにし、「明治一五〇年」の今日の情勢の下で改めて明治日本と朝鮮を歴史教育で扱う課題について考えてみたい。

## 一　一九六〇年代の日本社会と朝鮮認識

### 1　日韓条約反対運動と植民地支配認識

戦後日本で、多くの人々が朝鮮問題に触れる最初の機会になったのは一九六〇年代前半の日韓条約反対運動だろう。この時、反対運動に関わった人々はこの条約をどのようなものと見ていたのだろうか。彼らは、日韓会談の妥結を一九六〇年に改定された新安保条約の具体化であると位置付け、安保闘争の延長として運動に取り組んでいた。たとえば、朝鮮民族との友好と親善に取り組んでいた日朝協会は、日韓条約は日本・韓国・台湾の軍事同盟を締結し、安保体制の強化を目指すものであるとしていた。このこと自体は間違っていたわけではないが、日韓両政府の交渉の中で最もするどく対立していた植民地支配の歴史認識については反対運動の中で深められることはなかったのである。平和運動家の畑田重夫は日韓条約反対運動を総括する中で次のように述べていた。「日本人が、かつて日本帝国主義が朝鮮ならびに朝鮮人にたいして何をしたか、という歴史的事実を正しく知らされていない〔中略〕朝鮮の近代史、とくに日本と朝鮮の関係史を研究し、かつ普及、教育する必要がある〔中略〕これは日韓会談粉砕闘争が、成功のなかからではなくて、予想に反して盛り上がりをみせなかったことのなかからひき出された貴重な成果であった」（畑田重夫「日韓会談反対闘争の展開とその歴史的役割」『日本と朝鮮』勁草書房、一九六五年）。

一九六五年に日韓基本条約を締結した日本政府は植民地支配の責任の問題に一切触れることなく、南北分断の一方の大韓民国とだけ国交を回復し、請求権については「完全かつ最終的に解決」したとしたことはよく知られているが、条約反対の運動をしていた日本人の側にも植民地支配に対する歴史認識は弱かったし、運動の中でこの問題が深められることはなかったのである。

## 2　「明治百年」事業と『坂の上の雲』

こうした中でも一部の研究者によって地道な努力が続けられていた。一九六五年五月朴慶植は『朝鮮人強制連行の記録』（未来社）を出版し、日本帝国主義の植民地支配によって在日朝鮮人がどのような苦難を背負わされてきたかを明らかにし「朝鮮と日本の友好親善、真の平等な国際的連帯」を目指したいと述べていた。一九六九年二月には中塚明が一般向けの新書『近代日本と朝鮮』（三省堂）を出版した。この新書の帯には「われわれ日本人の歴史意識の中で、完全な空白となっている「朝鮮」。残酷で悲惨な日本の朝鮮支配のもとで、自国の解放と独立に立ち上がった朝鮮の人々の、長い苦難の戦いを、日本人は知らされていない」と書かれていた。このように一九六〇年代の後半になってようやく朝鮮に対する植民地支配の問題を問う声が日本社会の中から出てきたのである。

こうした動きをかき消すかのように、一九六八年に政府は「明治百年」事業を大々的に展開したのである。当時、アメリカのヴェトナム戦争に反対する運動が全国的に高まり、沖縄県では「祖国復帰」運動が高揚していた。そして、一九七〇年は六〇年安保改定反対闘争から一〇年目にあたり、再改定の年にもなっていた。政府はこうした情勢を意識して、一〇〇年間のアジア諸国に対する侵略と植民地支配には目を背け、明治の「先輩」たちの国家建設の努力に学び、百年祭を機に国民的エネルギーを発揚しようというキャンペーンを展開したのである。

これとほぼ同時に、国民的な人気作家である司馬遼太郎の『坂の上の雲』が『サンケイ新聞』夕刊に連載(一九六八年四月―一九七二年八月)された。この物語は日露戦争を題材とした歴史小説で、小国日本が国をあげて近代化に取り組み、国の存亡をかけて大国ロシアと戦い「勝利」したという歴史像が描かれていた。中塚明によれば、司馬遼太郎は、開国から日清・日露戦争に至る日本近代史像について次のように述べていた(『司馬遼太郎の歴史観』高文研、二〇〇九年)。「十九世紀からこの時代にかけて、世界の国家や地域は、他国の植民地になるか、それがいやならば産業を興して軍事力をもち、帝国主義国の仲間入りするか、その二通りの道しかなかった」。また、朝鮮に対しては「韓国自身、どうにもならない。李王朝はすでに五百年もつづいており、その秩序は老化しきっているため、韓国自身の意思と力でみずからの運命をきりひらく能力は皆無といってよかった」(司馬遼太郎『坂の上の雲 第一巻』文藝春秋、一九六九年)、つまり、日本が近代化に成功し欧米諸国と肩を並べて帝国主義国となり、近代化に遅れた朝鮮がその後日本の植民地になったのは弱肉強食のこの時代しかたがなかったという、まさに帝国日本の膨張主義、侵略を合理化する歴史観なのであった。この『坂の上の雲』が広く国民に読まれたことは、明治礼賛の「明治百年」事業にとって絶好の援軍になったことは間違いない。

## 3　教科書の中の朝鮮と歴教協

小学校・中学校の学習指導要領が教育課程の基準として法的拘束力を持つものとして告示されたのは一九五八年だった。小学校・社会・第六学年の歴史の分野は次のように書かれていた。

（八）　開国後やがて明治維新が行われ、四民平等の世の中に移っていったばかりでなく、その後の政府や民間の先覚者たちの非常な努力によって、欧米の文化が取り入れられ、憲法が、つくられ、議会政治への道が開かれた。また、近代産業もおこり、日清（しん）、日露の戦争や条約改正を経て、わが国の国際的地位は向上したが、その後、第二次世界大戦における敗戦を経て国内の事情も改まり、民主的な国家として新たな発展を遂げつつある。

この学習指導要領のもとで、教科書『日本の歴史』（六年上、学校図書）は韓国併合について次のように記述していた。

日露戦争の結果、日本は韓国に対する権益を認められましたが一九一〇年（明治四三）になって韓国を日本の領土としました。この日韓併合によって日本は大陸に領土をもつことになり、大陸にむかってさらに進出するようになりました（山本典人「子どもたちは朝鮮をどう見ているか」

『歴史地理教育』一二二号、一九六六年）。

指導要領も教科書も、基本的に明治礼賛の「明治百年」史観そのもので、朝鮮に対する植民地支配の視点はほとんどなかったといってよいだろう。この学習指導要領に対して歴教協は、一九六〇年の活動方針で「「国際的地位の向上」を戦争によって向上したと見る見方、これはあきらかに帝国主義者にとっての見方」だと批判していた。

一九六〇年代前半の歴教協の実践としては、一九五九年四月から一九六二年一月の間『歴史地理教育』に連載された「資料と扱い方」シリーズをあげることができる。この連載をもとにして、加藤文三・鈴木亮・吉村徳蔵による『歴史教育の資料と扱い方』（大村書店、一九六五年）が刊行されている。この中で近代の日朝関係については「征韓論から東学党の乱まで」・「日清戦争」・「日露戦争」・「韓国併合」、そして戦後の部分に「北鮮帰還」の項目を立てていた。「国際的地位の向上」に関わっては「日露戦争」の項で、戦場が満洲だったことを上げ、「国際的地位の向上」と言っても、戦場にされた中国の人の立場に立って考えなければならないのではないかという子どもの意見を紹介して批判していた。なお「北鮮帰還」の項は今では奇異に映るが、一九六〇年代初頭は在日朝鮮人の北朝鮮への帰国運動が取り組まれている時期で、当時の歴教協の教員にとってこの帰国問題がかなり大きな課題として意識されていたことがうかがえる。

学習指導要領の「国際的地位の向上」という文言に関わって、佐藤伸雄は「自由民権は出ていても、社会主義運動も大正デモクラシー――普選、米騒動もない」、「民衆が次第に権利を獲得してきたその歩みよりも、「古きよき日」の明治に重点がおかれている」（「学習指導要領の改訂について」『歴史学研究』二二七号、一九五九年)と批判していた。

一九六〇年代前半、歴教協は「国際的地位の向上」を「帝国主義者の見方」と批判しつつも、明治日本の対外膨張主義、朝鮮の植民地化と具体的に結び付けて批判する視点はまだ弱かったように思われる。それは植民地支配に対する認識がまだまだ弱かった一九六〇年代の日本社会や明治礼賛の学習指導要領・教科書記述という中での限界だったと見ることができるだろう。

## 二　一九六〇年代後半の歴教協の朝鮮をめぐる課題意識

### 1　朝鮮民族の主体的発展

一九六五年の第一七回歴教協青森大会日本史分科会での李進熙の「朝鮮史に対する視角に関連して—古代史におけるいわゆる「南鮮経営」を中心に—」という報告は、歴教協の朝鮮史学習の大きなきっかけとなった。これまでの朝鮮史学習は他国によって侵略・支配される他律性ばかりを強調し、結果的に「朝鮮人はかわいそうだ」「朝鮮人にうまれてこなかっただけでも幸福だ」といった認識しか育てていないとし、朝鮮史に対する視角として朝鮮民族の主体的発展という観点が必要だと訴えたのである。その一つとして、大和政権による「任那日本府」設置などの「南鮮経営」の歴史は事実ではなく、日本帝国主義の朝鮮に対する植民地支配を合理化するためのものであるとしたのである。この李報告は「参加者にとって大きなショックであり、分科会は朝鮮問題学習会の観を呈した」という(『歴史教育五〇年のあゆみと課題』未来社、一九九七年)。

一方、奈良和夫は「朝鮮史——一〇〇号の整理」(『歴史地理教育』一一一号、一九六五年)を書き、それまでの朝鮮史関係の実践、論考を整理している。この中で印象的なのは、奈良自身が「〔前略〕われわれ自身が、先ず「朝鮮」を知らなければならない。教えることよりも前に「学習」が必要である」と告白している点である。多くの会員にとっては、朝鮮史の学習はまだまだ未開拓の分野だったと言えるだろう。

一九六六年七月号『歴史地理教育』(一二二号)は「朝鮮史」を特集に組んだ。旗田巍は「朝鮮史像と民族の問題」という論考で、朝鮮民族の主体的発展を描いた朝鮮史が求められるとし、そのためには朝鮮人の抵抗の歴史と朝鮮民族の創造した文化を知る必要があるとした。また、中塚明は「日本近・現代史において〝朝鮮〟を教える意義」という論考で、日本の朝鮮侵略の事実は「日本帝国主義の素顔をてらしだす鏡」であるとし、日本近現代史の中で朝鮮を教えるとき、朝鮮民族の解放闘争・抵抗の歴史を明らかにし、自主的発展の道を明らかにする必要があるとした。

歴教協の社会科教員の中には一九五〇年代から朝鮮史、日朝関係史に取り組んでいた者もいたが、まだごく少数だった。一九六五年の青森大会での李進熙報告をきっかけに、一九六〇年代後半頃からしだいに歴教協の教員は朝鮮史の実践をするようになった。その際、朝鮮民族の主体的発展という視点に注意が向けられ、植民地支配の事実を教えるとともに、日本の支配に抵抗し、闘った朝鮮民族の歴史を明らかにすることによって「朝鮮人はかわいそうだ」という子どもの認識を克服することが課題として重視された。

## 2　一九六〇年代後半の近代日朝関係史の実践

以上の課題意識のもとに取り組まれた一九六〇年代後半の実践を二つ紹介して検討してみたい。一つは、山形県の中学校、伊田稔「日朝関係史をどう教えるか――甲午農民戦争を中心に」(『歴史地理教育』一二二号、一九六六年)、もう一つは秋田県の中学校、高橋伸一「日本近代史の中の朝鮮学習」(『歴史地理教育』一六〇号、一九六九年)である。

伊田は近代の日朝関係の学習の視点として、朝鮮研究者の吉岡吉典の提起する三つの視点を提示する。①日本帝国主義の朝鮮侵略の実態、②侵略と闘った朝鮮人民の解放闘争、③侵略と解放闘争に対する日本人の態度の三点だが、伊田は甲午農民戦争を②に位置付け、当時の朝鮮民衆の生活、朝鮮政府に対する抵抗、日本に対する反感、東学農民の蜂起などを説明し、抵抗の資料として『火縄銃のうた』(青木書店、一九五二年)の甲午農民戦争の部分を読ませて授業を展開した。『火縄銃のうた』は在日朝鮮人の許南麒の作品で、日本の苛烈な植民地支配の実態を告発し、独立と解放のため三世代にわたって闘う朝鮮民族の強い決意を詠った長編の日本語の詩である。伊田は朝鮮民族の抵抗、主体的発展をなんとか授業に位置付けたいという思いから『火縄銃のうた』を教材に使ったのであろう。先祖代々伝わる火縄銃を手にして決死の覚悟で闘いに挑む朝鮮民衆の姿を描いたこの文学作品から確固たる朝鮮民族の民族的自覚を肌で感じ取ることができる。歴史の史料とは異なる叙事詩によって感覚的に民族の主体的発展を教え「朝鮮人はかわいそうだ」という認識を乗り越えようとしたわけだが、教材として適切だったのかやや疑問を感じる。

高橋実践は、日本帝国主義の植民地支配の実態と朝鮮人民の闘いの歴史を明らかにするというねらいのもと、一九一〇年の併合以後の日本による植民地支配の一連の政策をかなり詳しくあげるとともに、朝鮮人民の闘いとして三・一独立運動と金日成《キムイルソン》の抗日パルチザン闘争をあげている。当時の中学校歴史教科書が「日韓併合以後、朝鮮について全然ふれず、朝鮮が再び登場するのは一九四八年の朝鮮独立で、約四〇年間が空白」という中での実践である。生徒の一人は「歴史のあとを見れば、朝鮮は周りの国からひどい目にあっている。日本は資本主義を発展させるために朝鮮を植民地にし、そのことを世界にほこっている。私は日本にほこりを持っていたがとても残念だ」という感想を書いている。日本の植民地支配の酷さを認識することはできたようだが、朝鮮の他律性史観は克服してはいないようだ。結局、圧倒的に多くの生徒は「朝鮮はかわいそうだ」という反応だったと高橋は苦悩している。

植民地支配の実態の研究及び教科書記述も不十分な中で、伊田、高橋の両実践は日本帝国主義の植民地支配の実態と朝鮮民衆の抵抗を子どもたちに教えようとした先駆的な実践だったといえよう。朝鮮民族の抵抗、主体的発展を意識した実践ではあるが、子どもたちの「かわいそう」という認識を克服するまでには至らなかったのである。

後にこの時期の実践を整理した杉村壮三は、子どもたちの朝鮮に対するゆがんだ意識を正すことは重要な課題であるが、それは歴史教育の枠の中だけの問題としてしまうのでなく、全ての教育活動の中で達成できるものだと総括している(杉村壮三「世界認識四〇〇号の整理と課題、朝鮮」『歴史地理教育』四二二号、一九八七年)。地域や子どもの実態を十分にとらえることなく、教室の中の歴史教育だけで子どもたちの朝鮮認識を正し、育てられると考えた実践者の思いが空回りしてしまったということだろう。

高橋の中学校がある秋田県は戦前には約六〇〇〇人の在日朝鮮人が住み、大部分鉱山労働者として苛酷な労働を強いられ、この実践当時の一九六〇年代後半は約一〇〇〇人が住んでいたという。生徒の中には家庭で朝鮮人に対する差別や偏見の影響を受けているものもいたと、高橋は述べている。このような地域の実態の中から出てくる「朝鮮人はかわいそう」という意識は、歴史教育の枠の中だけで解決できる問題ではなかったのである。

一九六五年、歴教協は第一七回青森大会のテーマに「民族の課題」を掲げ、これは一九七五年までつづいた。それは日米安保体制下の日本の現実、とりわけ米軍支配下の沖縄に目を向けるなら当然問われてくる「民族の独立」の問題を意識したものであり、同時に「民族の文化」とは何かを明らかにすることも課題となった。歴教協が一九六〇年代後半から意識的に朝鮮史の実践に取り組み、朝鮮民族の主体的発展や抵抗の歴史の教材化に取り組んだのは、日本国民にとっての「民族の課題」を追求することと表裏の関係にあったと言ってもよいだろう。

歴教協の教員たちの朝鮮史実践は、一九六〇年代後半のヴェトナム反戦運動、沖縄の「祖国復帰」運動とも繋がっていたとも見ることができる。政府の「明治百年」事業はこうした情勢から国民の目を逸らすことを狙っていたのであり、その意味でこの時期の朝鮮史実践は「明治百年」史観を問い質すという構図の中に位置づけられるものだった。

## 三　今日の日本社会と韓国・朝鮮

### 1　植民地支配が問われた九〇年代

朝鮮に対する植民地支配の問題があらためて日本人に突き付けられたのは一九九〇年代初頭のことだった。きっかけの一つは一九九〇年五月の盧泰愚《ノテウ》韓国大統領の来日だった。来日を前にして、在日朝鮮人の法的地位、なかでも指紋押捺の問題が大きく注目され、さらに大統領は日本政府に対して戦前に強制連行された朝鮮人労働者の名簿を調査することを要求した。

この時、海部俊樹首相は「朝鮮半島の方々が我が国の行為により耐え難い苦しみと悲しみを体験」したことに対し「反省」し、「お詫びの気持ち」を表明したのである。政府として朝鮮の植民地支配に対して公式に謝罪をしたのだった。

この年一二月『歴史地理教育』(四六五号、一九九〇年)は「日本と朝鮮の近現代」の特集を組んだ。この中で、東京学芸大学の君島和彦は「近現代の日朝関係を教えるために」という論考で、韓国・朝鮮史を教える現代的意味として、日本が朝鮮半島の分断に大きな役割を果たしているということ、また在日韓国・朝鮮人に対する差別の問題があること、この二点をあげていた。三〇年近く前の指摘であるが、今日の情勢の下でも全く変わらず有効であるといえよう。そして、朝鮮植民地化の過程と朝鮮民衆の抵抗、植民地支配の実態、日朝連帯の歴史などについて教科書記述や歴教協の実践をふまえて、授業実践上の視点を提起した。

また、高校の目良誠二郎は「福沢諭吉の視点から柳宗悦の視点へ」で、侵略と植民地支配の実態ばかりを教える「バクロ型授業」でなく、生徒が解決可能性の展望と意欲が持てるような教材を取り上げるべきだとし、朝鮮民衆の工芸美術を愛した柳宗悦と浅川巧の教材化を提起した。目良の授業を受けたある生徒は「自分のアジアに対して抱いていた汚くて貧しく野蛮であるというイメージも解消されるようになり、各国の民族・文化は尊重すべきであるという考えに近づいてきた。そして今まで抱いてきたマイナスのイメージは、逆に自分たち日本の影響の大きいことにも気がついた」と感想に書いている。ここには一九六〇年代の「かわいそう」という意識を乗り越え、朝鮮民族の文化から民族の主体的発展をつかんでいこうとする認識の芽を見ることができる。

また、九〇年代を通して全国各地で朝鮮人強制連行の調査も行われ、戦後補償要求運動も進展した。個人的なことで恐縮だが、当時私は埼玉県立蕨高校に勤務していて、隣町の戸田に戦争中、古河電工軽金属処理所という軍需工場があり、一九四四年の秋一五〇人の朝鮮人をこの工場に強制連行したことを聞き取りなどによって調査している(「アルミ工場で働かされた朝鮮人」埼玉歴教協編『知っていますか 埼玉と戦争』一九九五年)。報告としては短いものだが、埼玉県内の朝鮮人強制連行の調査としてはその先駆けとなったものである。

さらに大きなきっかけとなったのは、一九九一年一二月、韓国の元「慰安婦」三名が日本政府に謝罪と賠償を求める訴えを東京地裁に起こしたことだった。一九九二年の新聞各社は連日のように「慰安婦」問題を報道し、翌一九九三年八月、政府は日本軍の関与をみとめ「おわびと反省の気持ち」を表明した「河野談話」を出した。

このように朝鮮植民地支配に関する様々な未解決の問題があることが日本社会で認識されるようになる中で、一九九五年の「村山談話」が出されたのである。戦後五〇年を迎え、政府は「植民地支配と侵略」によって「アジア諸国の人々」に「多大の損害と苦痛」を与えたことに「痛切な反省」と「心からのお詫びの気持ち」をようやく表明したのだった。

同時に教育の面では、一九九六年に中学校歴史教科書七社すべてに日本軍「慰安婦」のことが記述されるという状況がつくりだされたのである。しかし、これに対して「新しい歴史教科書をつくる会」が結成され、一九九七年には自民党内に「日本の前途と歴史教育を考える若手議員の会」(教科書議連)が安倍晋三を事務局長に結成され、これら歴史修正主義勢力によって「慰安婦」の記述を教科書から削除させようと圧力を強める反動攻勢が開始されたのである

一九九〇年代は、戦後かつてなく朝鮮に対する植民地支配の問題が日本社会と学校で語られた時代だったが、同時に「植民地支配と侵略」の問題に向き合おうとする人々とそれを阻止しようとする歴史修正主義勢力との熾烈なせめぎあいが続いた時代でもあった。

## 2　韓国・朝鮮への眼差し

では二〇一〇年代の今日の日本社会と学校は韓国・朝鮮にどのような眼差しを向けているだろうか。「日本の世論二〇一四」(毎日新聞・埼玉大学社会調査研究センター共同調査、『毎日新聞』二〇一四年一二月二五日付)によれば、韓国について傾向的に「親しみを感じない」とする人々は六六%に及び、多くの日本人は韓国に親しみを感じず、あまり良い印象を持っていない。書店では嫌韓本が並び、

街ではヘイトスピーチが叫ばれる。一方文科省は竹島は「我が国の固有の領土」であり「韓国によって不当に占拠されている」、政府は「累次にわたり抗議」を行っていることを子どもたちに教えるよう強く求めている。二〇〇〇年代前半の日韓ワールドカップ共催やテレビドラマ「冬のソナタ」ブームで親善ムードが高まっていた時とはうって変わって、日本社会のあちこちから「親しみ」を感じさせないような一種のキャンペーンが繰り広げられ、国民意識がつくられている。

前述の「村山談話」は「どうすべきだと思いますか」という質問に対しては、「継承すべきだ」が二六%、「撤回すべきだ」が二二%、「どちらともいえない」がほぼ半数の四九%という回答になっている。植民地支配と侵略について「どちらともいえない」というより、実際はその中身がよく分からないので判断できないということなのではないだろうか。一九九五年の談話発表から二〇年以上を経た今日、植民地支配と侵略についての国民的な歴史認識は残念ながら深められてはいないようだ。

一方、朝鮮民主主義人民共和国に対しての日本人の意識はどうだろうか。二〇一七年、核開発とミサイル発射の問題が連日のように報道され、さらに北朝鮮のミサイル発射によりJアラート(全国瞬時警報システム)が発動され、突然テレビの画面が避難情報に切り替わったりもした。二〇一八年の南北首脳会談、米朝首脳会談で多少良くなったとしても、おそらく圧倒的多数の日本人にとって、北朝鮮は「親しみ」どころか、危険で恐ろしい国としてとらえられている。

一方学校現場はどうだろうか、一八歳選挙権の実現にともなって義務付けられた「主権者教育」では「政治的中立性」なる言葉によって、教員はあたかも教室で自分の意見を一切口にできないような状況がつくられている。また、授業で子どもたちに社会や歴史の問題を考えさせようとすると、そこでプレッシャーになるのが教育委員会から指導される「多面的・多角的に考察」という言葉である。

こうした中で、歴史修正主義勢力によって「自虐史観」と攻撃される日本軍「慰安婦」や南京虐殺など侵略や加害の問題は授業ではさらっと流したり、避けてしまう傾向もある。もちろんすべての学校と教員がこうした萎縮状況に覆われているわけではないが、無視できない現実である。

## 四　近代の日朝関係を扱う歴史教育の課題

### 1　学習指導要領に見る明治日本

#### ①　現行「日本史B」

次に教科書記述の基準となる学習指導要領はどうなっているだろうか。現行の高等学校「日本史B」では明治日本の朝鮮に対する植民地支配はどう描かれているかを、指導要領の『解説』から検討してみたい。

「日本史B」学習指導要領大項目「(四)近代日本の形成と世界」の「ア　明治維新と立憲体制の成立」については、「我が国が独立を保ち近代国家の基盤を形成し得た背景と明治維新の意義について考察させ」るとし、明治憲法の制定については「欧米諸国以外では当時唯一の憲法であったことの意義に気付かせ」、対外的には「欧米諸国と対等の地位」になることを目指した「我が国」が

「朝鮮などアジア近隣諸国に対しては欧米諸国と同じような姿勢をとる結果になったことにも着目させる」と解説している。

また、「イ　国際関係の推移と立憲国家の展開」については「不平等条約を改正し欧米諸国と対等な地位に立つことが、我が国が近代国家として国際的地位を確立する上で意義のあったことに気付かせ」、「日清・日露戦争前後に我が国が資本主義国家としての基礎を確立したことを踏まえ、戦争に至る過程や、両戦争後我が国が韓国併合や満州（現在の中国東北地方）への勢力の拡張などを通じて植民地支配を進めたことを、国内政治の動向や英露の対立などの国際環境と関連させながら考察させ（中略）特に、日露戦争における勝利がアジア諸民族の独立や近代化の運動に刺激を与えたことに気付かせる」と解説する。

つまり、日本は欧米諸国がアジアへ進出するという国際情勢の下で、国家的独立をまもり、欧米諸国以外ではいち早く近代憲法を制定した。欧米諸国に追い付き対等な地位に立とうとしたこの路線により、明治日本は意図しなかったが「結果」的に日本が朝鮮やアジア諸国に対して欧米諸国と同じ姿勢をとることとなったとしているのだ。

条約改正、日清・日露戦争を経て日本は近代国家として国際的地位を向上させたが、こうした流れを「踏まえ」て植民地支配について「考察する」。植民地支配は国内政治や国際環境と関連させては「考察する」が、朝鮮の人々に何をもたらしたかその具体的内容は考察の対象にはなっていない。

また、日露戦争の勝利はアジア諸民族の独立や近代化に影響を与えたとしているが、韓国併合との関係でとらえようとはしない。結局は明治日本を礼讃する歴史観になっているのだ。

## ②　新科目「歴史総合」

次に二〇一八年三月に告示された高等学校学習指導要領の地理歴史科の新科目「歴史総合」では明治日本をどう描いているか見てみよう。

まずこの二〇二二年度からの導入が予定されている「歴史総合」の目標だが、「社会的事象の歴史的な見方・考え方を働かせ、課題を追究したり解決したりする活動を通して」、「調べまとめる技能」を身に付け、課題解決を「構想」「考察」し、それを「説明」し「議論」する力を養い、これらを通して「我が国の歴史に対する愛情」を深めるとしている。つまり、歴史の諸知識を通史的に理解するのでなく、「歴史総合」を学ぶ諸活動を通して「調べまとめる」、「構想」「説明」「議論」するなどの技能を身に付ける科目になっている。従来の通史学習ではなく、一定の課題を設定し技能主義的に歴史を学習する科目であると見てよいだろう。従って明治という時代を通史的に学習する科目ではない。

「現代的な諸課題の形成に関わる近代化の歴史」を理解するために例示されているテーマとしては「自由・制限、平等・格差、開発・保全、統合・分化、対立・協調」などがあげられている。かなり幅のある概念なので、実際の教科書がどのように編集されるか、また現場で具体的にどのように利用するかに関わるのだろうが、近代日本においては帝国日本の侵略と植民地支配こそ問われるべきであり、「戦争と平和」「人権の尊重」「貧困と格差」などのテーマこそ設定すべきではないだろうか。

通史的に歴史を学ぶことを目標にしないとしながらも、「B近代化と私たち」の「国民国家と明治維新」の項の「内容の取扱い」では「富国強兵や大日本帝国憲法の制定など日本の近代化への諸政策については、この時期に日本の立憲国家としての基礎が形成されたことや、それらと欧米諸国の諸政策を比較するなどして近代国家として日本の国際的地位を欧米諸国と対等に引き上げようとするものであったことに気付くようにすること」とし、日本の国民国家の学習では「北方領土」「竹島、尖閣諸島の編入」などの領土問題について「触れること」としている。

つまり、富国強兵や帝国憲法などの近代化政策は欧米諸国と対等になり「国際的地位」を引き上げるためであったと説明され、富国強兵が朝鮮半島から大陸への膨張政策のためであったこと、帝国憲法が成立しても、国民の人権が保障される国家にはならなかったことは語られていない。また、領土の問題についてはきわめて自国中心の捉え方になっている。竹島の編入の問題については、日本政府の主張だけを教えるのでなく、日露戦争の通史の中に位置付けて、韓国側の主張も紹介して考えさせることが必要だろう。

日露戦争については「日本の近代化や日露戦争の結果が、アジアの諸民族の独立や近代化の運動に与えた影響とともに、欧米諸国がアジア諸国へ勢力を拡張し、日本が朝鮮半島や中国東北地方へ勢力を拡張したことに触れ、各国の国内状況や国際関係の変化に気付くようにすること」としている。日本の近代化を「成功」として描き、アジア諸民族に影響を与えたとしている。欧米諸国がアジアを侵略し植民地支配を進めたのと同じように(この時代、日本だけでなく)、日本も朝鮮と満州を支配したのだと説明しているのだ。

総じて、「帝国主義政策」「植民地の形成」という言葉は出てくるのだが、植民地支配に関わって「国内状況や国際関係の変化」に気付けばよいのであって、植民地支配によって被害を受けた朝鮮、台湾の人々に何をもたらし、どんな苦しみを与えたのか、海部首相の言う「耐え難い苦しみと悲しみ」、その具体的内容は考察の対象にはなっていない。これは現行「日本史B」学習指導要領と基本的に同じである。

近代日本のポジティブな面に繋がるテーマを設定させ、そこに注目して考察させることによって近代日本の歴史を「成功」事例として肯定的に評価し「我が国の歴史に対する愛情」を育成しようとするもので、明治礼賛の「明治一五〇年」史観と変わるところがない。また、一九六〇年代の学習指導要領、明治礼賛の「明治百年」史観とも変わるところがない。

## 2　子どもたちは植民地支配の具体的事実を知らされていない

二〇一七年度に勤務していた県立越谷南高校三年生の二単位選択科目「世界と日本」(受講生徒一五人)で、一九世紀後半・後期(帝国主義の時代)から戦後までの世界史の授業を実践した。日中戦争からアジア・太平洋戦争期の朝鮮植民地支配(強制連行・「慰安婦」・皇民化政策など)を扱った授業の中で、日本軍「慰安婦」にされたことを最初に名乗り出、日本政府を訴えた金学順《キムハクスン》さんの証言を史料として読み、当時の朝鮮の農村の少女たちの圧倒的な貧困状況について説明した。また、サンフランシスコ市が慰安婦像の寄贈を受けたことで姉妹都市関係を解消するとした大阪市についての記事

(『毎日新聞』二〇一七年一一月二四日付)を資料として配布して「慰安婦」問題が過去のことではなく現在の日本と世界に直接関係する問題であることも指摘して考えさせた。一時間の授業の中で扱ったのだが、証言を読んで女子の多くは「あんなひどいこと」と衝撃を受け、印象に残った授業だったと次のような感想を書いている。

「特に印象に残った話はドイツのメルケル首相の「歴史に終止符はない」という言葉についてでした。日本も様々なことを戦時中やってきたことを授業の中で知りました。この言葉は、現在話題になっている慰安婦問題などにもあてはまると思います。私は元慰安婦の方々など苦しんでいる多くの方々に真剣に向き合う姿勢が大事だと感じました」(女子)

「私は慰安婦の授業と、沖縄戦の授業が心に残りました。今の私と同い歳くらいの人たちが、あんなにひどいことをされていたと思うととてもこわいし、ひどいことだと思います」(女子)

二〇一二年度版中学校歴史教科書からは、すべての教科書から「慰安婦」問題の記述は無くなった。二〇一六年度からは学び舎発行の『ともに学ぶ人間の歴史』が日本軍「慰安婦」問題を記述しているが一社のみであり、この教科書の採択率は残念ながらきわめて低い。歴教協が実施している近現代史アンケートによると、「従軍慰安婦」という言葉を知っていると答えた高校生は、一九九四年七一%、二〇〇一年六一%、二〇〇六年四四%、二〇一一年三二%、二〇一三年二八%というように、九〇年代以降確実に低下している。

二〇一八年一月二二日付『毎日新聞』の世論調査によると、日本軍「慰安婦」問題に関して、二〇一五年日韓合意では真の解決にはなっていないとする韓国政府の対応に「納得できない」が七八

%にも及んでいる。日韓の外交問題を問う調査であり、「慰安婦」問題自体を問う設問ではないことを留保しつつも、そもそもの日本軍「慰安婦」の実態、それだけでなく植民地支配の具体的な事実を加害者の国の国民である私たちはどこまで知り、認識できているのだろうか。多少なりとも日本軍「慰安婦」の悲惨で非人道的な実態を知るならば、韓国側の主張に耳を傾けるのではないだろうか。

ほぼすべての教科書に長短はあるものの記述がある関東大震災時の朝鮮人虐殺事件についてはどうだろうか。二〇一四年に私が勤務していた高校の二年生二クラスでの授業アンケートの結果は、事件について「いままで知らなかった」が六三・六%、「知っていた」が三六・四%だった。「知っていた」と答えた人へ「どこで知ったのですか」との質問に対しては「小学校の授業で先生から」が八%、「中学校の授業で先生から」が七一%で、「本」「親や親戚」「テレビや新聞」からというのは少数だった。六割以上の生徒はこの事件を「いままで知らなかった」と答え、「知っていた」と答えた生徒の大部分は小・中学校の学校教育の中で知識を得ていた。植民地支配に密接に関わる朝鮮人虐殺事件は教科書には書かれているものの、学校でこの事件が教えられなくなれば、事件は歴史の記憶から葬り去られかねない。

今日の日本社会と学校を取り巻く状況が、教室で侵略と植民地支配を教えようとする教員にとって決して容易なものではないことは十分承知しつつも、現場の教員は侵略と植民地支配の具体的な事実を子どもたちに教えているのかどうか、あらためて問われている。

最近、授業の中で感じることだが、いい悪いは別にして全般的に高校生は素直だと思う。ネットなどでは「多数派」のように見える歴史修正主義勢力に影響されている生徒はごくごく少数である。植民地支配の歴史の事実を示し、考えさせれば子どもたちはきちんと受け止めてくれる。

### 3　明治の日朝関係を教える課題について

次に現行の高校日本史教科書で最も高い採択率を占める山川出版の『詳説日本史B』(以下、『詳説』)の日朝関係の記述を検討しながら、歴教協の教員の実践もふまえて近代の日朝関係を教える課題について考えてみたい。

#### ① 江華島事件について

明治政府の朝鮮に対する最初の武力行使は江華島事件である。『詳説』は新政府が朝鮮に国交の樹立を求めたが応じなかったので、西郷隆盛、板垣退助らは征韓論をとなえた、しかし内地優先派の「大久保利通らの強い反対にあって挫折した。そののち一八七五(明治八)江華島事件(註)を機に日本は朝鮮にせまって、翌一八七六(明治九)年、日朝修好条規(江華条約)を結び、朝鮮を開国させた」と記述し、(註)には「日本の軍艦雲揚が首都漢城近くの江華島で朝鮮側を挑発して戦闘に発展した事件」と記述している。これでは征韓派と対立していた政府が起こした江華島事件とは、「征韓」とは別の「挑発して戦闘に発展」してしまった偶発的な「事件」にすぎないものととらえてしまう。

幕末の尊攘派の対外観と征韓論のつながりを記述していないことが分かりにくくしているのだ。

幕末の尊皇攘夷派を育てた長州の吉田松陰は、幕府は欧米に屈して条約を結んだが、その埋め合わせとして「朝鮮を取り満洲を拉《くじ》き、支那を圧し印度に臨みて、以て進取の勢を張り〔中略〕神功の未だ遂げたまはざりし所を遂げ、豊国の未だ果さざりし所を果す」(「丙辰幽室文稿」『吉田松陰全集　第四巻』岩波書店、一九三八年)と、朝鮮・満洲・中国・印度を侵略し神功皇后と秀吉ができなかったことを実現するべきだと述べていた。

明治政府成立当初、古代以来朝鮮は天皇に服属する朝貢国であるという立場から国交の樹立を求めるもこれを拒否する朝鮮は「無礼」であるとして「征韓」を最初に主張したのは、松陰に師事した長州の木戸孝允であった。木戸は朝鮮の「無礼」を問い、服さなければその国土を攻撃し「大に神州之威を伸張」すべしと一八六八年一二月には主張していた。つまり、明治政府を担った尊王攘夷派の人々の思想的基盤に当初から征韓論が位置付いていたということを示すことが必要なのである。

もう一つは、大久保政権下の明治政府は、軍艦雲揚を朝鮮に派遣し、首都漢城近くの江華島で挑発を行い、砲台守備の朝鮮兵と交戦し三五人を殺害している事実である。たとえ「挑発して戦闘に発展した事件」だったとしても、朝鮮に対する明らかな武力行使であり、このことを明記すべきである。

これをきっかけに締結した日朝修好条規について『詳説』は不平等であったことは記述しているが、第一款に「自主ノ邦」と書き込ませたことについては書いていない。これは朝鮮を中国との宗属関係から切り離すことをねらった条項であり、後の日清戦争の布石になるものである。近代日本の朝鮮政策の原点となる日朝修好条規を武力行使によって結ばせたことは明治日本を象徴する事件なのである。

高校の山田耕太は「その後の植民地化に至る道、そして近代日本の対外意識や朝鮮観を考える材料となる恰好のテーマである」として江華島事件を五時間かけて実践している(「明治初期の日本と朝鮮——江華島事件をめぐって」『歴史地理教育』七七四号、二〇一一年)。これだけの時間をかけられる条件のある学校での実践だが、江華島事件は時間をかける価値のある題材だろう。歴史新聞の作成、発表、質疑討論、軍艦雲揚艦長井上良馨の報告書の書き換えの史料なども読み取らせ、じっくりと事件について考えさせている。生徒は「日本の軍事支配の第一歩として自国の利益にとらわれた支配は朝鮮を苦しめた。このことをありのままに伝え、真実の日本とこれに通ずる日本社会を考えることができた」と、現在の日本社会のあり方とも重ね合わせて江華島事件を考えている。

### ② 東学農民軍の第二次蜂起と虐殺について

一八九四年七月二三日、日本軍はソウルの王宮を占拠し、政府閣僚を入れ替えさせて親日政権をつくり、強引に日清戦争を始めた。九月に入ると日本軍の朝鮮に対する侵略と暴虐に対して、朝鮮半島南部の東学農民軍は再び蜂起し、日本軍に対する抵抗を開始する。東学農民軍は、日本軍の軍用電信線を切断するなどゲリラ的な抵抗を続けていたが、一〇月には一斉蜂起して日本軍との戦闘が始まった。これに対して大本営の川上操六兵站総監は「東学党ニ対スル処置ハ、厳烈ナルヲ要ス。向後、悉《ことごと》ク殺戮スベシ」との命令を下した。一一月、東学農民軍討伐隊として組織された南小四郎少佐率いる後備歩兵独立第一九大隊が仁川に上陸、部隊は三つの街道に別れて南下しながら、討滅作戦を開始した。東学農民軍は兵員数では日本軍を圧倒していたが、射程距離、命中精度で優れた日本軍のスナイドル銃に対して、農民軍の火縄銃やゲベール銃では大きな戦闘力の格差があり、日本軍の一方的な殺戮となった。ある兵士が残した「陣中日誌」には東学農民軍を捕まえ、拷問し、銃殺し、死体を焼く、あるいは生きながら焼き殺す、銃剣で突き殺し処刑する、など凄惨な殺戮が繰り返されていたことが記されていた(井上勝生『明治日本の植民地支配』岩波書店、二〇一三年)。

この時の東学農民軍の犠牲者数について、近代朝鮮史の趙景達は戦争での戦死者、逮捕・処刑された非戦闘員、負傷後の死者を含めて全体で五万人に迫ると概算している。これは日清戦争での清国人戦死者三万人を上回るのである。

以上のような東学農民軍の第二次蜂起と日本軍による殺害についての記述は『詳説』には一切ない。なお、実教出版『高校日本史B』だけが第二次蜂起と日本軍の殲滅《せんめつ》作戦について「朝鮮の民衆は各地で日本軍に抵抗し、秋には農民軍がふたたび蜂起した。これに対し日本軍はせん滅作戦を展開した」と短いながら記述している。

京都の中学の辻健司は、日清戦争は日本と中国がコリアと書かれた魚(朝鮮)を釣り上げようとしているビゴーの絵「漁夫の利」で教えればいいのかという問題意識から重厚な教材研究のもとに日清戦争を実践している(「中学校「日清戦争」学習の新しい試み」『歴史地理教育』八一二号、二〇一三年)。「当時の朝鮮はどんな国で、人々はどんな暮らしをしていたのか、「甲午農民戦争」と教科書にあるけれども、農民たちはなぜ「戦争」したのか。なぜ二回も蜂起したのか。いくら魚を見ていてもわかるはずはありません」と辻は述べる。日清戦争学習を近代日本の戦争学習の起点と位置づけ、国家としての意思決定過程、経済的な背景、戦場の実態(どこが戦場か、武器、具体的な戦闘、死者数や死因)、軍事費の調達、メディアや国民の反応、戦後処理とその影響など、五時間かけて実践している。各時の主な内容は⑴朝鮮開国後の日朝関係のあらまし、半島南西部の役人の不正など、⑵東学農民軍の第一次蜂起から全州和約、日本軍の朝鮮王宮占領事件のねらいなど、⑶戦場の様子(兵士や軍夫の日記等)、東学農民軍第二次蜂起と日本軍の徹底弾圧、⑷人々は戦争をどう見たか、戦費、下関条約、台湾征服戦争、閔妃暗殺事件など、⑸戦死者数、死に方など、まとめと感想文、以上内容は豊富である。

ある生徒は「日清戦争は日本と清だけの戦争だと思っていたけど、間には朝鮮がはさまれていて、その朝鮮はすごく被害を受けたことを知った。勝手に戦場にされて、一番被害を受けたのは朝鮮だろうなと思った」(女子)と、朝鮮を視点にして日清戦争を見ている。またある生徒は「勝利した日本はなんかウエから目線でほかの国をバカにしているようだなと、授業の最後の方に勉強していて強く伝わった。私はそのことが、今やっている人権学習に出てくる中国人や朝鮮人を軽蔑するようなわるーいフンイ気につながっていそうだなと思った。こんな日本は最低だし、その頃の風潮は今の日本にとって恥じるべき時代だ！　だから、そのことを知れてよかったし、勉強できてよかった」(女子)と、並行して実施していた人権学習と結び付けて今日の日本社会の韓国・朝鮮観の問題に言及している。

### ③ 日露戦争と朝鮮について

『詳説』には、大韓帝国が日露戦争では戦場となり、兵站基地にさせられ、日本軍により韓国民衆がどのような苦しみを受けたか、具体的なことは全く記述されていない。

日露戦争開戦直後の一九〇四年一月二二日、大韓帝国は「局外中立」を声明していたが、二月六日には、日本の海軍陸戦隊が朝鮮半島南岸の馬山電信局を占領し、八日から日露の戦闘は開始される(金文子『日露戦争と大韓帝国』高文研、二〇一四年)。二月二三日には日韓議定書が調印されるが、これに反対した韓国政府要人は日本軍に拉致され、軟禁されていた(海野福寿『韓国併合』岩波新書、一九九五年)。この議定書によって日本軍は戦争の為に「軍略上必要の地点を臨機収用する」ことが可能になり、三月には韓国駐劄軍を創設し、後にこの軍はソウルとその周辺の警察権も手にいれる。七月には「軍律」を発布して軍用電線と軍用鉄道を保護するために韓国民衆の日本軍に対する妨害行為を取り締まり、一九〇六年一〇月までに三五人を処刑するなどの弾圧を行っている。このようなかたちで、日露戦争開始直後から日本軍による大韓帝国に対する軍事支配は始まっていたのである。

以上の内容は『詳説』には一切記述されていない。実教版には、大きな荷を背負って日本軍兵士の前を歩く韓国民衆の写真を載せ「日露戦争に強制動員される韓国民衆」とのキャプションを付けている。こうした朝鮮半島で生活していた民衆にとっての日露戦争という観点からの教材づくりが求められている。

## ④ 義兵闘争について

『詳説』は「これまでも植民地化に抵抗して散発的におこっていた義兵運動は、解散させられた韓国軍の元兵士たちの参加を得て本格化した。日本政府は、一九〇九(明治四二)年に軍隊を増派して義兵運動を鎮圧したが、そのさなかに前統監の伊藤博文が、ハルビン駅頭で韓国の民族運動家安重根に暗殺される事件がおこった」と記述している。義兵の象徴的な戦闘の一つとして伊藤博文の「暗殺」を位置付け、義兵闘争の民衆的な広がりやそれに対する日本軍の村ごと焼き払う殲滅作戦については記述していない。

日本政府は、一九〇七(明治四〇)年にハーグ密使事件を機に韓国の皇帝高宗を譲位させ、第三次日韓協約を結んで韓国の内政権を全面的に掌握して軍隊を解散させた。これに対して、韓国内では元軍人ばかりでなく、多くの農民・商人・手工業者なども自ら武器を持って立ち上がり、抗日武装闘争を全国的に展開した。これに対し日本軍は数度にわたって軍隊を増派し、徹底した「討伐」を行った。この時、韓国駐剳軍司令官長谷川好道は、義兵の味方になって義兵を匿い、武器を隠した村について「責ヲ現犯ノ村邑ニ負ハシメ、其部落ヲ挙テ厳重ノ措置ニ出ントス」と訓示している。つまり、義兵を徹底して「討伐」するために村ごと焼き払う殲滅作戦を展開せよと指示したのである。一九〇七年から一九一一年までの五年間で、のべ一四万人の義兵が日本軍との戦闘に参加し、二万人余が「討伐」の犠牲になっている。一方この「討伐」による日本軍の犠牲は一三六人と報告されている。この日本軍による村落殲滅作戦の極端な犠牲者数の落差は、火縄銃など旧式の武器しか持たない義兵や村人に対する日本軍の一方的な大量虐殺を物語っていると見るべきだろう。

## ⑤　韓国併合について

『詳説』は一九一〇年の韓国併合について「朝鮮総督府」「土地調査事業」「東洋拓殖会社」の用語を使い、武断政治のこと、「土地調査事業」による土地の接収、東拓への払い下げなど一定の記述をしている。しかし、これら用語と若干の説明だけでは植民地支配の具体的な実態をつかむことはできない。

高校の米山宏史は政治史、事件史を中心に扱うのでなく、朝鮮に渡った日本人農業移民に着目して、朝鮮植民地支配の実態を具体的な史料を活用して捉えさせた実践を報告している（「不二農村と植民地支配」『歴史地理教育』七七七号、二〇一一年）。内容としては、⑴東洋拓殖の農業移民と朝鮮農民運動。ここでは日本人地主の横暴と朝鮮の小作人たちの激しい抵抗運動、農業移民政策の行きづまりをつかませている。⑵藤井貫太郎と不二農村の創設。ここでは不二農村が干拓して作った一大稲作地帯であったこと、各県単位で計画的に移住したこと、農村を管理した不二興業は日本人農業移民と朝鮮の小作人を使い分けて農業経営をしていたことをつかませている。

日本の農業施策を土地調査事業や産米増殖計画などと結び付け、植民地支配の実態を農業の面からリアルにつかみ、朝鮮の農民の生活を向上させるものではなかったことが理解できる実践である。このような観点からの史料の発掘と教材化が望まれる。

## おわりに――明治日本の朝鮮植民地支配はアジア・太平洋戦争とつながっている

満洲事変の授業でよく使われる史料に石原莞爾の「満蒙問題私見」(一九三一年五月)がある。その中で「満蒙ハ正シク我国運発展ノ為最モ重要ナル戦略拠点ナリ」とあるのだが、続けて「朝鮮ノ統治ハ満蒙ヲ我勢力下ニ置クコトニヨリ初メテ安定スヘシ」と書かれているところに注目させたい。つまり朝鮮の植民地支配を安定的に維持するために「満蒙」を支配する必要があるとしているのだ。朝鮮・満洲の国境地帯の満洲側地域は独立運動の根拠地になっていて、ここを軍事的に制圧することが植民地支配にとって重要な課題だったのである。

アジア・太平洋戦争が開始される二カ月余前、日米交渉が続けられていた一九四一年一〇月一四日の閣議で東条英機陸軍大臣が中国からの日本軍撤兵に反対して次のように発言している。この二日後の一六日には第三次近衛内閣は総辞職し、一八日には東条内閣が成立するのだが、この時東条は「支那事変ノ成果ヲ壊滅スルモノダ　満洲国ヲモ危クスル　更ニ朝鮮統治モ危クナル」と述べたのだ。つまり、中国からの日本軍の撤退は日中戦争の成果を無にし、「満洲国」の支配、さらには朝鮮の植民地支配をも危険にさらすことになると見ていたのである(中塚明「朝鮮の民族運動と日本の朝鮮支配」『近代日本の朝鮮認識』研文出版、一九九三年)。

明治日本による朝鮮植民地支配は、満洲事変、日中戦争、アジア・太平洋戦争へとつながる近代日本の対外膨張と侵略の歴史全体を貫く太い幹であったのであり、一九四五年八月の帝国日本の崩壊を招いた根源だったのである。
明治四三年、一九一〇年の韓国併合は、前述したとおりそれに至る江華島事件での武力行使、東学農民軍第二次蜂起に対する虐殺、日露戦争での日本軍による韓国への軍事支配、義兵闘争に対する殲滅戦など明治日本が朝鮮民衆に対する暴虐を繰り返した末に朝鮮半島を強奪し、植民地支配を行ったものであった。

二〇一八年は確かに明治維新から一五〇年ではあるが、四月の南北首脳会談、六月の米朝首脳会談を見るならば、朝鮮半島の南北統一と平和に向けて世界史的な転換点となる年になることは間違いないだろう。この朝鮮半島の平和はまさに新科目「歴史総合」のいう「現代的な諸課題」の大きな一つであり、その「形成に関わる近代化の歴史」を理解しようとするなら帝国日本の朝鮮植民地支配を学ぶことは欠かせない。

現行でも新学習指導要領でも、植民地支配の具体的事実、被害を受けた人々にどんな苦しみを与えたのかを教え、考えさせるものにはなっていない。海部首相が述べた「耐え難い苦しみと悲しみを体験」させた事実を学ぶものにはなっていないのだ。また、学校で侵略と植民地支配を教えることは容易なことではない状況もある。だがしかし、朝鮮半島の歴史が大きく動こうとしている今、植民地支配という重大な関わりを持った国の主権者である子どもたちが明治日本の歴史の事実を学び、朝鮮半島の世界史的転換を読み取り、行動することは子どもたちの権利であり、教員はそれを保障する責任があると思う。

# 第II部

# 「他者」と／から「明治」を問いなおす

# 4　一国史を超えて
## ――アジアの中の明治

横山伊徳

### はじめに――「明治一五〇年」における近代国家と国際社会

二〇一六年一一月二日付内閣総理大臣決裁によって開始された「明治一五〇年」関連施策各府省庁連絡会議は、一カ月余の取りまとめを経て、翌一二月二六日に「「明治一五〇年」関連施策の推進について」という文章を作成した。そこには「明治一五〇年」事業の「基本的な考え方」が述べられている。

すなわち、「明治一五〇年」を「近代化に向けた歩みを進めることで、国の基本的な形を築き上げていった」過程として、「内閣制度の導入、大日本帝国憲法の制定、帝国議会の設置など立憲政治・議会政治の導入、欧米の状況把握のための岩倉使節団の派遣など国際社会への対応、鉄道の開業や郵便制度の施行など技術革新と産業化の推進、義務教育の導入や女子師範学校の設立など女性を含めた教育の充実」が例示される。たとえば内閣制度は一八八五年創設で大分先であるのに、なぜ、この順番で列挙されなければならないのか、よく判らないし、それぞれの事例、たとえば議会政治についてみれば、導入後平坦に経過したわけではなく、翼賛議会に陥り明治期の「国の基本的な形」がゆがんだという結末に言及はない。先の日程からすれば、そうしたことに十分な配慮を行える時間がなく、あまり深く考えられていない、と見るのが妥当なのかも知れない。

とはいえ、これらの事例はいわゆる追い付き型近代化において正の価値が与えられており、そのなかで、「欧米の状況把握のための岩倉使節団の派遣など、国際社会への対応」という一節は、皮肉にも、「明治一五〇年」において正の価値を持つ「国際社会への対応」の例示としうるのは「岩倉使節団」しかない、という率直な表明とも捉えることができる。戦争や植民地獲得競争に結びつく「明治一五〇年」の「国際社会への対応」を本能的に回避した文章と読める。一九世紀国際社会がいわゆるパワーポリティクスだけではなく、平和や人権(たとえば奴隷(貿易)禁止問題)を課題としていることを考えれば、そうした国際社会の構想力を念頭に、「明治一五〇年」を考えて見ることも可能かつ必要であろうと思われる。

## 一 「万国対峙」について

まずそのため、「岩倉使節団」前後に国際社会を表現する際にしばしば登場する「万国対峙」という言辞を手がかりに、一九世紀中葉の国際社会とアジアへの「対応」を考えてみたいと思う。

「万国対峙」は、維新前後に使われた、主権国家間の対等な関係を構築する外交上の政策理念を示す用語(藤村道生「万国対峙論の意義と限界——維新外交の理念をめぐって」『九州工業大学研究報告 人文・社会科学』一八号、一九七〇年)であり、「不平等条約を結んだ欧米と対等の地位を確保し、自立する」とか「文明海外諸国と並び立つという」国家目標(小風秀雅「序」小風・季武嘉也編『グローバル化のなかの近代日本――基軸と展開』有志舎、二〇一五年。勝田政治『明治国家と万国対峙――近代日本の形成』角川選書、二〇一七年)という政治的含意をもって論じられることが多い。

多くの論者は共通して、この「万国対峙」という用語が日本の政治に登場するのは、最幕末期に漢訳が導入されたホイートン『万国公法』(マーティン漢訳一八六四年)に基づくものであるとしている。同書には「諸国平行之権を論ず」という章もあり、国際法を受け入れた国家間の平等主義が、不平等条約を解消しようとする維新政権からは、その拠り所と映ったことは確かであろう。「万国対峙」は「万国公法」にうたう国家間の並立・対等を表したものである、という考え方には根拠がある(「万国公法」という問題群に関する史料と研究状況は、『日本近代思想大系 開国』岩波書店、一九九一年が有用である)。

一方で、例えば、一八七〇年西郷隆盛が前庄内藩主酒井忠篤らに説いたとされる『遺訓』では、「苟も当時万国対峙の形勢を知らんと欲せば、春秋左氏伝を熟読し、助くるに孫子を以てすべし」(『西郷南洲遺訓』岩波文庫版、これは一八九〇年に庄内で刊行されたものを底本としている)というような、多国家間の軍事的対立状況を指していると思われる用例も少なくない。後論との関係で敢えて触れておけば、幕末維新の国内外の変動に『春秋左氏伝』が共鳴して漢学を学ぶ者によく読まれたことは、福沢諭吉も語るところである。彼らは幕末維新を春秋時代の諸侯抗争の歴史像と重ねたのである。

こうして、「万国公法」を受容し「万国対峙」を唱え、中華体制から離脱・対立することで、アジア諸国の中でいち早く国際化したという、日本の成功物語が語られやすい。「明治一五〇年」が「岩倉使節」でもって「国際社会への対応」を語ろうとするのも、こうしたバイアスをうまく利用したものといえよう。

さて、このように「対峙」が「万国公法」導入時の漢語の語義と、日本社会の中で言い慣わされた語感とは必ずしも常に同一であるとは限らない。早い話、本書の「はじめに」には、「政府の「明治一五〇年」イベントに対峙していく必要」と記されているが、この「対峙」を「並立」と解することはできず、日本語としての「対峙」は、対立的意味を帯びていると考えるのが辞典的解釈であろう。とするならば、漢語として理解された「万国対峙」は、「万国公法」から導かれた対等な関係が構築される(すなわち並立する)国家関係を指す言葉から、ある種の変転を経て、軍事力を背景に対立の可能性を内包することによって成り立つ国家関係を指す言辞として定着していくのではないか、という想定が可能であろう。こうしたことを念頭に、具体的に維新前後の「国際社会」像を考えてみることにする(なお、以下、国際法を指す概念としては「万国公法」を、書名を表す場合は『万国公法』を用いる)。

## 二　幕府の目指した外交目標

「万国対峙」の変転の可能性について考えるに先立ち、幕末に通商条約を締結した幕府が、どのような「国際社会への対応」を考えていたかを押さえて置く必要がある。なぜなら、幕府は時に言われるような封建的官僚組織というより、軍事力をベースロードとした政治体制であるからである。また、その締結した通商条約は一八七二年改訂条項(七一年事前通告)をもち、そこを目途に、条約関係のもとでどのような国家を構築するかの理念を語ることは、締結した政権の政治責任として必要条件とされていたと考えるからである。

そこで、一八六二年政治改革(いわゆる文久改革)の上意に際しての老中申渡を取り上げてみよう。すなわち、天下太平により綱紀が弛緩して武備が不十分なまま、外国との交渉が始まり、その処理をめぐって世情一般や天皇もが不安に感じるようになったので、従来の弊風を一洗して、将軍としては「御武威被遊御振張、皇国を世界第一等之強国と被遊候御偉業」を立てて、上は天皇、下は万民を安堵させる意志がある、という申渡(『幕末御触書集成』三六号)である。ここで明らかなことは、①武備を振張し、日本を世界の一等国・強国とすることによって、②天皇から万民に至るまで安寧にしたい、つまり、安政条約体制に対応して、軍備強化により一等国を目指すという目標のもと、政治改革を行い人心を安定させるという宣言がなされたのである。ここから文久改革の理念は、世界に冠たる軍事力をつけ列強に互していく、それが天皇から万民に至るまで安寧にすることである、と確認しておいてよいであろう。この改革宣言は、佐久間象山からも高く評価された(「時政に関する幕府宛上書稿」文久二(一八六二)年九月『日本思想大系』五五、岩波書店、一九七一年)。もちろん、どこまで現実的かという問題はある。しかし文久改革の二つの柱について、①を「国威を海外に振張」する、②を「列藩万姓を撫安」と言い換えれば、そうしたことを実現しうる政権を生み出すための戦いであるとして、維新政権が戊辰戦争を遂行する原理にもなった（徳川慶喜親征の詔、慶応四年二月二八日（一八六八年三月二一日）『復古記』）。なお付言すれば、一八五八年通商条約締結の報告を朝廷に行った老中は、条約改訂までの一三年間に武備を充実して「海外に御威光を示」すという方針を語るべく臨んでいたことも留意されるべきである（藤村前掲論文）。

## 三　最幕末の「万国公法」と「万国対峙」

徳川慶喜は、一八六七年大政奉還上表の中で、従来の旧習を改め、政権を朝廷に帰し、広く天下の公議を尽すことで、天皇を中心に同心協力して、「皇国を保護仕候得は、必す海外万国と可並立候」とのべ、大政奉還の国際的な意味として「万国と並立すること」を強調した。幕府が開港後比較的早い時期から、軍備充実による一等国化を政治改革の目標としていたとすると、「万国対峙」（並立）の状況の中で「万国公法」に基づき、「海外万国」と並び立つという政治目標が最幕末期に登場する、ということは何を意味するのであろうか。

このような動きには、慶喜のブレーンともなったオランダ留学組である西周による改革構想があった（書物の形になったのは、大政奉還後である）。つまり、三権分立や議会制度などを創設する目標を確立し、年々改革を進め、明良（賢明な主君と忠良な臣下）が相契り優秀な人材がその位置を得て、「本邦万国之際に屹立し、雄を東洋に称する（覇する）」（『別紙　議題草案』）というのである。政治改革の完遂を通じた国際的な「屹立」と東洋での優位確立という目標が、幕府の存在を前提として構想された。そして新たに幕府のトップに座った慶喜にとって、国際社会の中に自らを位置付けること（「屹立」）は必然的なことであった。つまり慶喜は、単なる軍備強化ではなくそれも含めた一般的な西洋文明化に入れ替わった目標として「万国対峙」の理念を掲げ、東アジアで西洋化の先頭を行くという論理で政権維持を図ろうとしたのである。なお、同時期に岩倉具視が大政奉還に対抗して密奏したという「復古大挙の議」（『岩倉公実記』下の一）にも「万国対峙」という表現がとられる。しかしこれは、幕府の大政奉還では「万国と御対峙は相成難し」という文脈で登場するもので、岩倉が「万国対峙」を主張していたというより「皇威恢張」の根本を確立する（すなわち王政復古する）ことを結論づけるための修辞とすべきであろう。

ただ、論理的には、従来の幕府の政治改革理念である武備充実による一等国化から、文明化によって国際的位置を確立することを重視するようになること自体は、かなりの飛躍を含んでいる。それは、「万国公法」についての理解が前提となる。例えば、西は、原由にならないことを口実として他国に攻撃を仕掛けること、ある国が脅威となりつつあるという警戒心から予防的に興戦することなどというのは、「輓近の泰西公法（実定法を指す……横山）に在ては凡て（中略）師を出すの名となすは極めて擯斥する所」（フィッセリング口述・西周訳『和蘭畢洒林氏 万国公法』巻之三、一八六八年）としている（同書については、田岡良一「西周助「万国公法」」『国際法外交雑誌』七一巻一号、一九七二年、参照）。つまり「万国公法」には、紛争や軍事力行使を回避する指向が存在するのである。この点で、「万国公法」準拠の外交理念にあっては、軍備充実による一等国化という政治目標とは整合性が乏しく、西の目指す外交理念は文久改革が打ち出した外交理念とは異なる新しいものを含むというべきである。

また、このとき「万国公法」は国内にも流布したから、様々な文脈でこれを読み込むことも行われた。大政奉還に力のあった前土佐藩主山内容堂は、大政奉還に先立ち重臣に「万国の公法に則りて外交を盛んにする」(『徳川慶喜公伝』)ことの重要性を説き、万国公法に基づく外交関係の構築を重視した。同時に同藩主山内豊範は、海運を開き商法を盛にして外国人を呼寄せることもすべきと述べた。土佐藩では、当面の獲得目標とした貿易(国産品＝樟脳輸出)拡大や技術移転を可能にすることと一体となった、富国化を円滑に図る外交関係を構築する理念として「万国公法」が理解されていたのである。「万国公法」が国際(海洋)交易を主題の一つとして展開してきたことからすれば(和仁健太郎『伝統的中立制度の法的性格——戦争に巻き込まれない権利とその条件』東京大学出版会、二〇一〇年、第二章)、自然な受容のあり方であり、専売国産品の輸出拡大を考えている雄藩に共通するものがあったとしても不思議はない。

## 四　維新政権の「万国公法」と「万国対峙」

一方で、王政復古、鳥羽伏見戦を経て新政権を発足させた倒幕派は、神戸事件(一八六八年二月一四日)をきっかけとして、「外国交際」は「宇内の公法を以て取扱」べしと開国和親を宣言した(同月八日)。「万国公法」準拠による外交の発足とされるが、これは攘夷事件(神戸事件)に対する弥縫策としての性格が強いとされる。五榜の掲示第四札(覚札)に「万国の公法を以条約御履行」すると掲げた(四月七日)が、それが数日前にイギリスからの督促を受けてのものであることも、時の政権が「万国公法」受容に躊躇するところがあった証左ともされている。従って、維新政権の「万国公法」の主体的受容が何を以て図られたとするかは、論者によって区々である。

確認できるのは、明治二年(一八六九年)二月の時点で、岩倉具視が「万国公法」に否定的であることである。彼は、「畢竟海外万国は我皇国の公敵なり」とした上で、列国がいわば併存相剋状況にあると位置付け、各国間の敵対状況を重視する(『岩倉公実記』下の一)。また、「万国公法」の如きは畢竟各国が合議して立てたというわけではない、万国共にその法を守るところでもない、『万国公法』は、ただこういう事例もある、ああいう事例もあるということだけを書きつらねた書籍であって「侍にたらす」(『岩倉具視関係文書』一)という。そして対外貿易についても、「有用の金を以て無用の品に費す事を幾千万と云事を不知」という現状認識を示し、他方で、諸藩のそれを抑えた維新政府版専売制ともいうべき「通商司」政策の推進を唱える(同上)。もちろんホイートン『万国公法』自体は条約や国際法廷の判例を法源として列挙しており(拙訳「パリ駐在日本公使館「外交入門」Diplomatic Guide(一八七四年刊)(下)」『東京大学史料編纂所研究紀要』五号、一九九五年、参照)、岩倉の理解は、当時主流とされた『万国公法』の自然法的(理想論的)解釈を、実力が支配する国際社会を見誤るものとして批判的に受けとめたともいえるかもしれない。しかし交易観は一九世紀初頭の東アジアにおけるそれを彷彿とさせる観念的なもので、開港後の実態を理解したものとはいえず、多分に主観的と考えられる。

「万国公法」を視野の外に置き、信義によって外交を展開する、そして「条理の在る所に由てその曲直を判」じ、「兵力を仮らざるを得ざるときは、断然と開戦すべし」という武力決着を目指すという発想は、如何にも戊辰戦争の戦火をくぐった政治家らしい。しかし、この議論は、条理という主観的な正当性があれば、攘夷や鎖港の実行、外国人排斥に行き着く論理を内包し、当時政権側が強く意識していた攘夷派の動きを鎮静することは難しい(藤村前掲論文)。しかも条約によって奪われた権利を回復すると期したとしても、現実には、六九年に日本が結んだ諸条約(北ドイツ連邦やオーストリア＝ハンガリーなど)は、条約締結国が片務的最恵国待遇条項を駆使して最大限有利になるよう仕組まれていた。結果、日本にとって最も不利な条約体制は、維新政権によって生み出されたのである。

このように考えると、維新政権における「万国公法」観はこの時点では必ずしも一定せず、当然その受容は直線的になされたわけではない。国家自立論としての「万国対峙」に、「国威宣揚」以上の意味、すなわち「万国公法」に基づく主権国家としての自立が表現されていたと速断することはできないであろう。一八七一年の「廃藩置県の詔」でもまた、その動機として「更始の時に際し、内以て億兆を保安し、外以て万国と対峙せん」というのである。ここでは、藤村前掲論文の結論である

万国対峙論は、開国論を攘夷派士族に承認させ権力基盤を拡大するために、基礎貧弱な維新政権がその創設にあたって、元来、幕府要路の主張であった万国併立論にあたらしい衣をかぶせたもの

との指摘を再確認しておきたい。

しかし、維新政権は「廃藩置県」による権力集中を遂行すると、条約改訂の事前通告年の日程にそって、三条実美の案として欧米各国への使節派遣の方針を掲げた。これは、「万国公法」の存在により各国の国力の強弱を制御することができ、衆寡の力の差を抑制し、天理人道の公義を輔弼するので、「是《これ》以て国と国と対等の権利を存するは、乃《すなわ》ち列国公法の存するに此れ由る」という自然法的解釈で組み立てられており、貿易についても「能く交際の誼《よろしき》を保全し貿易の利を斉一にする」ともいう。敢えていうならば、岩倉の「万国公法」観を排し、西や山内らの「万国公法」観を前提に、具体的な条約改訂のロードマップとして使節派遣を掲げることとなった。つまり、「列国と並肩する〔つまり万国対峙〕の基礎を」を作るためには、「列国公法に拠らざるべからず。〔中略〕我国律、民律、貿易律、刑法律、税法等公法と相反するもの、之を変革改正せざるべからず」(『日本近代思想大系 対外観』岩波書店、一九八八年)というのである。あきらかに、この間に「万国公法」の政権内部での位置付けの深化があるように見える。このことについては、岩倉使節団研究を始め多くの言及があるので、時代を下り「対峙」の対象たる「万国」の具体像の変化から逆照射してみよう。

## 五 一八八〇年代の「万国対峙」

〝万国〟は「万国公法」を構築する欧米文明国を意味していた。そして文明国と並立する「万国対峙」の実現は、それら諸国との条約改正のプロセスに位置付いていた。

しかし、八〇年代になると、比肩すべき〝万国〟の中に清国が意識されることとなった。朝鮮半島における清国の政治・経済的影響力が強まり、日本の利害と様々な局面で対立しつつあった。

確かに、鹿鳴館に代表される文明化政策の中心にあった外務卿(七九年より)井上馨は、維新以来国是として常に目的とするところは、「宇内普通の公法及ひ道徳の主義を採用し、終に以て現時の列国と駢立するに至らんこと」(一八八二年四月五日預議会に於ての宣言『大日本外交文書』第一五巻)である、としていた。

一方、西南戦争後参謀本部にあった山県有朋は、清国の脅威に強調点を移し、一八八二年朝鮮の壬午軍乱を経て、清国こそが仮想敵と位置付けるようになる。その山県は、「万国公法」準拠の外交政策に対して、「万国公法」とは、強者がその名儀を仮りて私利を企み、弱者が哀情に訴える口実に過ぎないと断じ、「方今万国対峙し各其疆域を画して自ら守る、兵強からされは以て独立す可からす」(「進隣邦兵備略表」『山県有朋意見書』)と宣言する。外交(井上馨)と軍事(山県有朋)との間では、「万国公法」理解や「万国対峙」の語感をめぐって一致を見ていないかのようである。

ところが二人は、壬午軍乱発生の報があるやいなや協議を重ね、朝鮮政府が日本側の要求の談判を承諾しないときは、「最後の処分に出る」ことに合意した。合意実行に両者が躊躇しなかったことは田保橋の強調するところである(田保橋潔『近代日鮮関係の研究』上、文化資料調査会、一九六三年)。外交理念としての「万国対峙」の流れから見れば、すでに指摘した、西の「万国公法」論に胚胎していた対アジア優位論は、朝鮮での主導権を争うという形で現象したのである。

井上もまた、欧米列強の勢力がアジア・アフリカに及び、そこでの紛争に局外中立を宣言しても日本の安全は図れないとした。対応策は「欧州的一新帝国を東洋の表に造出するに在るのみ」であり、人的にも経済的にも国際的な活動により「富強を致」し「帝国は始めて真に文明の域に躋《のぼ》ル事を得べき」(『世外井上公伝』)という論法で、自己の条約改訂案の正当性を論じた。「万国公法」に依拠する文明国化(＝「万国対峙」)は、実は東洋における資本主義的帝国建設であるという。

　山県の論点は、アジアの平和がすでに破綻して東洋は大波乱のなかにある、つまり朝鮮が「日支両国間紛情の種子」であり「両国の政略動《やや》もすれば衝突を免れ」ない、清国の国力・兵力はそもそも英仏と比しても相当のものがあり、なお近代化も進行中で「雄を東洋に称する」勢いである、日本の選択肢は朝鮮をめぐって「局外中立を守らんとするか」「自ら戦闘国の地位に立たんとするか」である、という点にある(一八八八年「軍事意見書」『山県有朋意見書』)。参戦国として「対峙」すべき地域は東アジアに生じたという認識である。

　こうなると井上と山県とは、東洋の帝国となるという政治目標では大差はなく、富国を優先するか強兵を優先するかで分岐(現状を見れば、この分岐は大きいと考えるべきなのであろうが)するということになろう。つまり、「岩倉使節団などの国際社会への対応」は、主権国家の平等に依拠するところから、東洋の帝国創出へと行き着くのである。

## おわりに

「万国対峙」を明治国家の国是として位置付けた永井秀夫(「明治国家の国是について」『明治国家形成期の外政と内政』北海道大学図書刊行会、一九九〇年、第三章)は次のように指摘する。

万国対峙の原型においては、その内容は軍事的角逐にとどまらず、広く文明・国富の併進状況をふくむものとしてとらえられ、また、国際間に一種の条理と信義が存することも考慮されていた。〔中略〕ここ〔原型…横山〕では軍事的競争・戦争状態の想定はいまだ希薄であった。〔中略〕山県の演説〔九一年第一議会本会議演説〕に現れる国是は〔中略〕より軍国主義的であり、権力的である。その間にはさまざまな偏差と変質を予想することができる。

つまり、明治政府にあって国是を強調する度合いは「廃藩置県にいたる期間」と「再び国是の強調がみられる」時期とに分けることができ、その間国是が一貫したかどうか疑わしい、前者に比べ後者の国是「万国対峙」には、軍国主義的偏差が著しい、という見通しは現在も説得的である。

「万国対峙」は「万国公法」の双子であった。「万国公法」が主権国家の平等を標榜するのであるから、その平等な国際関係の中に自らを位置付ける目標として生まれた言辞と位置付けられる。しかし、「万国公法」の差別的構造が制度〔実定〕化される〔廣瀬和子「国際社会の変動と国際法の一般化」寺沢他編『国際法学の再構築』下、東京大学出版会、一九七八年〕とともに、「万国対峙」は東洋に対する優位を軍事的に担保する目標として定着した。それは、「万国公法」の形式は受容しても、その理念をもたらした精神を内面化しないことを意味した。

一方の清国では日清戦争後、「列国並立」という国際関係を、平和構築のための必要なプロセスとする考え方が登場する。『左氏伝』の描く春秋時代について、『春秋公羊伝』を念頭に国家間関係を力関係から規範をもった関係と読み替えた上で、改めて古典世界として措定し、それに対応する諸国家の規範体系として「万国公法」を受容する考え方である。すなわち康有為などの変法派である。この体系にあって「列国並立」に適合したものへと自国を変法するのである（佐藤慎一『近代中国の知識人と文明』東京大学出版会、一九九六年）。これは巨大な転換であり、「万国公法」の内面化の苦闘の始まりとなった。

二〇一五年夏、安保法制をめぐってキャンパスも国会前も騒然としていた。その安保法制は、その春の日米新ガイドライン改定の産物であった。その日米ガイドラインは一九七八年のいわゆる旧ガイドラインを起点としている。七八年以前は、まがりなりにも国連中心主義や全方位外交が日本外交を語る理念として存在した。この七八年ガイドラインにより、そうした協調主義は実質放棄され、アメリカとの価値観を共有する外交へと転換したのである。今やその転換は、安保法制＝集団的自衛権へと行き着いた。この転換は、「万国対峙」が辿った外交理念としての変質を髣髴とさせるものといえよう。「明治一五〇年」の中で「万国対峙」の変質を反面教師として学ぶことは少なくない。

# 5 「明治一五〇年」と朝鮮

加藤圭木

## はじめに

二〇一八年、朝鮮をめぐる情勢は劇的な変化を遂げた（本稿において、朝鮮という言葉は、朝鮮民族全体、朝鮮半島全体を指すものとして使用する。大韓民国・朝鮮民主主義人民共和国のいずれかの国家を指すものとしては使用しない）。

年のはじめより朝鮮民主主義人民共和国（以下、共和国）は、平和統一に向けて大きく動き始め、大韓民国（以下、韓国）で開催された平昌オリンピックでは南北融和が進み、四月二七日には分断の象徴的な場所である板門店において南北首脳会談が開催された。そして、六月一二日には歴史上初めての朝米首脳会談が開催された。

一九五〇年に開始され、一九五三年に休戦となった朝鮮戦争は、いまだに終わっていない。そして、朝鮮は現在進行形で分断され続けているのである。そうした中で、南北首脳会談が実現し、長年にわたって敵対し続けた朝米の最高指導者が直接対面し、平和を目指し始めたことは極めて大きな前進であった（本稿の執筆は二〇一八年八月。刊行時に情勢は変化している可能性はある）。

日本社会では「北朝鮮の思惑は何か」とか「北朝鮮は裏切るに違いない」、「韓国の文在寅《ムンジェイン》大統領や米国のトランプ大統領は北朝鮮に踊らされている」といった冷笑的な報道、言説が相次いだ。そこには朝鮮において平和と統一を目指している人びとの姿への想像力はかけらもなかった。本稿で述べるように、こうした日本社会のあり方は、朝鮮と日本の歴史をまったく踏まえていないものである。

「明治一五〇年」を迎えた今、日本の近現代の歴史に対する肯定的な意識が、日本社会において拡大している。だが、歴史を振り返ってみれば、明治維新によって成立した近代天皇制国家は、朝鮮侵略を遂行し、多くの人びとの尊厳を踏みにじったのである。そして、そうした行為に対する責任は第二次世界大戦後も十分に果たされず、また日本は東アジアの中で共和国に対して敵対的な姿勢を継続してきた。こうした過去の経緯は今の日本社会では批判的にとりあげられることは少ない。さらに一九九〇年代半ばからの「歴史修正主義」の攻勢の中で、歴史の事実を軽視・無視する風潮がかつてないほどに高まっている。そして、日本の侵略戦争・植民地支配に対する被害者の痛みに対する想像力は欠如し、新自由主義的な風潮ともあいまって、尊厳の回復を求める被害者に対するバッシングが強められている。こうした状況は、ポスト・トゥルースと言われる世界的な風潮とも連動している。これに関連して、最近、筆者が担当する大学の授業で、ある学生が次のように話してくれた。「日本軍「慰安婦」問題や植民地支配のことを授業で学習するまで、私は韓国側からの過去を問う声はトランプ大統領などと同じようなポスト・トゥルースの動きなのだと思っていた。

韓国側が事実も論理も蔑ろにして日本を攻撃しているのだと感じていた」。日本の加害事実と十分に向き合っていないのは他ならぬ日本政府や社会の側なのであるが、歪められた情報の海の中で、日本社会に生きる学生は右も左も分からない状態なのである。

こうした状況で、日本社会が向き合わなければならない問題は何か。朝鮮情勢が大きく変わる中で、日本社会の側に問われている歴史的責任とは何か。近現代の日本、すなわち明治維新からの一五〇年は、はたしてどのような時代だったのか。これらの問題は朝鮮の歴史、日本の侵略戦争・植民地支配の問題を正面から見据えなければ決して議論することはできない。本稿では、このことを具体的に述べていきたい。なお、引用史料の中には、「鮮人」などの差別表現が見られるが、歴史的な用語としてそのまま引用した。

## 一　平和を目指す朝鮮と日本の責任

六月一二日の朝米首脳会談の際、共和国の金正恩《キムジョンウン》国務委員長は、「足をひっぱる過去もあったが、全てを乗り越えてここまで来た」と発言した。「足をひっぱる過去」とは何か。直接的にここで指しているのは、朝鮮戦争や朝米の対立のことであろう。

だが、日本社会の側は、この言葉を聞き流すことはできない。朝鮮の分断は、日本社会にとって決して他人事ではないからだ。否、直接的な当事者というべきである。金正恩委員長がこの発言で日本側の責任を念頭に置いて述べていたかどうかは別にしても、「足をひっぱる過去」という言葉の重みは日本社会の側が深く受けとめなければならないものである。

日本はどのように朝鮮分断に関与しているのか。一九世紀以来の日本の朝鮮侵略・植民地支配は、朝鮮の近代的な民族独立国家の形成を阻んだ。朝鮮は自主的な近代国家形成を進めていたにもかかわらず、それを日本国家は、強圧と暴力によって、数多くの人びとを殺戮しながら押しつぶしたのである。さらに朝鮮は日本の植民地とされていたために、日本の敗戦によって米ソに分割占領されることになったのであった。日本の植民地支配がなければ、分断はありえなかったのである。また、日本は植民地支配の中で、自らの支配を維持するために、一部を懐柔する民族分裂政策を採用した。これによって、朝鮮民族内の対立が産み出され、分断の原因の一つとなった。とりわけ、韓国では日本の支配に協力した「親日派」と呼ばれる人びとやその系譜を引く者たちが軍事独裁政権の中心的な担い手となり、これが南北の対立を強化してきた。さらに、第二次世界大戦敗戦後の日本はアメリカの同盟国として、共和国と敵対しつづけてきた。共和国には民衆レベルでの敵対心が維持された。「明治一五〇年」とは朝鮮の側から見たときにこのような時代であった。

一九世紀以来目指されてきた朝鮮の統一された近代的民族独立国家の形成は、いまだに達成されていない。そして、朝鮮はその間植民地支配・分断・民族離散に追い込まれてきたのである。そうした状況をつくり出した重要なアクターは、他でもない日本である。南北、そして朝米が直接対話するという出来事は、そうした日本によって強いられてきた重い歴史を乗り越えようとする第一歩でもあったのである。朝鮮情勢の変化の中で、日本政府や社会はその立場を鋭く問われているのである。だが、そうした問題を正面から検討しようという動きは、日本社会の内部にほとんど存在していない。

ところで、この間、日本社会側の朝鮮認識の問題として挙げなければならないのは、朝鮮側の主体性を歪曲しているように思われることである。共和国の平和に向けた外交政策に対する冷笑的な報道が多いことがその一つだが、同時に韓国側の平和に向けた主体的な動きに対しても認識が歪んでいると感じられることが多い。

この間の平和への動きを後押しした重要な要素は、韓国民衆による朴槿恵《パククネ》退陣と真の民主化を求める「ろうそく集会」(キャンドルデモ。なお、民衆運動の高まりと朴槿恵退陣などの一連の流れを「ろうそく革命」と呼ぶことが多い)であった。共和国への敵対的政策をとる朴槿恵政府が倒されたことこそが、南北の対話を大きく押し進める前提となったのである。もちろんトランプ大統領の外交政策も大きく作用したことはたしかであるが、この間の平和を目指す動きはこのように朝鮮の民衆の側から出てきたものである。

韓国の民衆運動についてはその根を歴史的に探っていかなければならない。韓国社会では今でも一九一九年の三・一独立運動の精神が語られる。たとえば、朴槿恵退陣を受けて行われた二〇一七年の大統領選挙中、三・一独立運動九八周年の記念日に、候補者であった文在寅は次のように発言したという。

三・一独立運動により、私たち国民は大韓民国を建国し、大韓民国臨時政府を樹立したが、一〇〇周年が迫っている現在も私たち国民はろうそくを持ちながら国民が真の主人になる真正なる民主共和国をつくろうと叫んでいる。〔中略〕今日、三・一万歳示威を再現しながら、我々が政権交代を通して古くなった積弊を清算し真正なる大韓民国、真正なる民主共和国を作ろうと決意を全国民が刻む契機となったら幸いである(1)。

独立運動史の中心に大韓民国臨時政府を据えるなど、韓国側の立場に立った歴史認識である点には注意が必要であるものの（共和国側の捉え方とは大きく異なるだろう）、三・一独立運動の延長線上に「ろうそく革命」を位置づけている点が興味深い。文在寅の発言は、三・一独立運動を民主共和国をつくりあげるための運動として捉えたものである。そうした民主共和国の実現という課題が真には達成されていないとの認識のもとに、今日の課題を明らかにしているのである。三・一独立運動が単に日本からの独立を求めるだけではなく、民主共和制につながっていくものであったとの認識は、韓国の歴史学界でも広く見られるものである(2)。

三・一独立運動をはじめとした民族解放運動が、解放後の韓国の民主化運動につながり、「ろうそく集会」につながっているという認識は、朝鮮の民衆の側の主体性を考える際に重要である。そして、韓国の民主化を求める動きは、南北対立を維持・強化してきた政権を倒すということでもあるから、平和・統一へとつながっていくものでもある。こうした韓国社会の側の主体的な動きは、日本側が行ってきた朝鮮の平和の妨害に対してまさに抗っているのであり、そうであるがゆえに日本社会はこうした解放運動の歴史を正面から受けとめる必要がある。

この点に関連して、韓国社会の運動が正義や人権を根本から問い直すことを通じて普遍的な意義を持っていることにも注目する必要があるだろう。日本軍性奴隷制度（日本軍「慰安婦」制度）の被害を告発する動きが今韓国社会では若い世代を含め、大きな広がりを持っているが、そうした背景には植民地支配や性差別に対する批判的な問題意識が社会に根付いていることを意味している。韓国では平和や人権、民主主義、正義の内実を高めていく運動が日々発展を遂げている。こうした動きが今の平和・統一に向けた動きを下支えしているのであり、このことの意義を日本社会の側は知る必要がある。

## 二　一〇〇年後の天皇制

一九二一年一月、朝鮮人の独立運動家の申采浩《シンチェホ》は、日本のことを次のように述べている。(3)

太陽を崇拝し、旗標の模様に用いるのは、大昔の野蛮の習わしである。しかし、彼〔日本人〕はいまだにこれを国旗としている。〔中略〕彼はこれ〔神道〕を国教とし、いまだにあらためていない。一系の君を尊敬して奉っているのは、二千年に至っている。一度として姓をあらためたことがないのである。その国民の奴隷根性は、恥ずべきである。しかし、彼はなお、得意のさまで、「万世一系は世界列国で未だに存在しないものである」と言っている。豊臣秀吉は、隣邦に攻め入って財貨などを奪い取り、麻を刈るかのように〔「無惨に」の意〕人を殺し、そこに人道というべきものはなかった。〔中略〕彼らはすなわち、これ〔秀吉のこと〕を尊《たた》えており、東洋のナポレオンであるとする。この国民性は、排外と破壊に偏っており、創作や改革が不能であることは明確である。

極めて強い日本批判である。強調したいのは、こうした認識の背景には、日本の侵略によって国を奪われた申の怒りがあるということである。日本が「日の丸」を国旗としていることを「大昔の野蛮の習わし」と述べたことは、「日の丸」が日本の侵略の象徴であり、植民地支配の中で「日の丸」の掲揚が朝鮮人に強制されていた事実と切り離して考えることはできない。天皇制に対する批判があるのは、日本が明治維新によって確立した近代天皇制国家こそが朝鮮を侵略したからに他ならない。豊臣秀吉の侵略までもが想起され、「国民性」が「排外と破壊」に偏っているとまでいっているのは、実際に「排外と破壊」にさらされた経験があったからであろう。

この申の文章は、約一〇〇年前に書かれたものである。だが、私には今日の日本社会にも当てはまってしまうように思えてならないのである。たとえば、昨今の天皇の「生前退位」「代替わり」問題は天皇制の存続を図るためのものでしかないと考えられるが、これをめぐる議論において天皇制が特にアジアとの関係でどのような意味を持っているのかについての視点はほとんどなかったと思われる。天皇制の存在を微塵も疑うことなく、また過去の侵略戦争や植民地支配を美化する日本社会の現在は、はたして一〇〇年前から変わったのだろうか、と深刻に考えざるを得ない。

実際、この史料は大学の授業でも紹介したことがあるのだが、複数の学生から今の日本のことをいわれているようだという声が出た。複数の学生が申の認識について「全く考えたことがなかった視点で驚いた」とか、「いわれてみれば私たちは天皇制を日本の伝統として全く疑ったことがなく、親しみを持っていたが、他者からみるとこのように見えるのかと気づかされた」といったような趣旨のコメントを寄せていた。どうやら話を聞いてみると、自分自身は象徴天皇制をそれなりに支持し、「日の丸」に何ら疑問も持たず、侵略戦争や植民地支配をした国家に対しても違和感を持たずにきたということのようなのである。中の告発によって「他者」の視点に気づき得たということは重要だが、同時にこの学生達の反応からは現代日本における天皇制の浸透度も知ることができる。「敗戦」を経たものの日本社会の本質は一〇〇年前から変わっていないのではないかということを、真剣に考えなければならない。このことから、筆者は朝鮮植民地支配と天皇制の関係について、あらためて研究の深化が必要だと考える。朝鮮植民地支配は、天皇制イデオロギーによって朝鮮人に同化を強制し、天皇の名の下に戦争に強制動員した。これはこれまでの研究でも強調されてきたことだが、(4) 歴史事実の掘り起こしはまだまだ必要であろう。次節では最近筆者が接したいくつかの事例をとりあげておこう。

## 三　朝鮮植民地支配と天皇制

一九二八年一一月、日本では昭和天皇の「即位の礼」が行われたが、それにあわせて平壌の町には「日の丸」がはためいた。町では提灯行列が行われ、一見、「祝福ムード」が広がったかのように思われた。だが、話はそう単純ではない。

平壌警察署が、「即位の礼」の日（一九二八年一一月一〇日）および、「即位」の「奉祝」（同一四日）の際の平壌の様子を詳細に調査した記録が残されている。この調査の存在から、警察が朝鮮社会を徹底的に監視しようとしていたことがわかる。まず、警察署は午前と午後の二度にわたって「国旗掲揚状況」を調査している。(5) これを見ると平壌府内の全戸数のうちの掲揚数を徹底的に調べ上げ、数えているのである。警察署は当時「要視察人要注意人」としていた人物が「国旗」を掲揚しているかどうかも念入りにチェックしている。「国旗掲揚」の有無が日本への忠誠度を測るバロメーターとされていたのだ。

右の記録によれば「貧民部落」が全部「国旗」を掲げたとある。この「貧民部落」で掲げられた国旗の一部は、紙製だったという。[6] このように平壌では朝鮮人も含めかなりの数の家が「国旗」を掲揚したようである。ただし、これは、警察署が執拗に「国旗」を掲揚するように働きかけをした結果であろう。それは他地域でこうした事例が多数あるからだ。たとえば全州では「御大典奉祝国旗及提灯を貧困者のため実費を以て配給する」と伝えられている。[7] また「国旗購入を斡旋する鉄原警察署長」という記事は次のように報じている。

従来祝祭日に当り、国旗の掲揚については、一部間にありては国旗観念甚だ薄く、唯其の筋より国旗掲揚方注意に対し、申訳的に白布に赤丸をぬり、或は鮮紙に急造の日の丸を描き掲揚しある等、国家観念より観ても体裁上よりするも、甚だ面白からざるより、鉄原警察署長鹽谷氏は高等係上田警部補其他署員とも協議し、国旗及奉祝提灯等準備無き向きには御大典も間近に迫りたる事故《ことゆえ》、余り不体裁にして敬意を失する如き事なき様、是等の向きに注意を与え、国旗及提灯等は共に共同購入の利益と便利なるを勧め……。[8]

「祝祭日」に人びとの中で「国旗」の掲揚はまったく定着しておらず、権力側が注意することで、申し訳程度に白布や紙に赤丸を描いて掲揚するなどの対応だったという。そこで、警察署が介入して、「国旗」や提灯を購入するように勧めたというのである。平壌では「貧民」が紙製の「国旗」

を掲揚していたことをあげたが、この鉄原の事例も踏まえれば、警察などの介入によって申し訳程度に掲げたものにすぎなかったと思われる。

平壌では全戸調査が実施されていることを指摘したが、他地域でこれほどまでに警察が介入して「国旗」掲揚を押し進めていたことを踏まえれば、平壌でも、当然こうした警察による介入があったと見るべきであろう。日本の朝鮮支配は、警察によって一戸一戸の人びとを服従させようとしたのである。

しかし、どれだけ統制を強めても、朝鮮人を管理しきることはできなかった。まず、一一月一〇日の様子について、平壌警察署は「又提灯行列カ大同門附近ヲ通過ノ際……東日商会雇人　金永信……ハ泥酔ノ上独立万歳ヲ叫ハントシタルヲ以テ直ニ大同門派出所所員ニ於テ之ヲ制止、不取敢《とりあえず》検挙処分ヲ附シタリ」と報告する。[9] 提灯行列は警察などによって組織されたものであろうが、そのなかで、「独立万歳」と叫ぶ朝鮮人がいたのである。

さらに、一一月一四日の「奉祝」の様子について、平壌警察署は「大韓独立」、そして、「興る者は滅び、滅ぶ者は興る、これは真実である」(日本と朝鮮のことを指しているのだろう)という趣旨の落書きを発見している。[10]「日の丸」と天皇崇拝の強要がなされる中で、人びとはこれに反発していたのである。

朝鮮の人びとに天皇崇拝が強要された事例をもう一つ紹介しておこう。「先帝陛下(明治天皇)崩御ノ際ハ当時ノ警察官ハ路上ニ立チ、往来スル鮮人ニ対シ喪章ヲ附スヘク強要シタ」との朝鮮人の声が、日本軍側によって聞き取られている。[11] 日本側は「韓国併合」を断行した明治天皇の喪に服すことを朝鮮人に強要したのである。

朝鮮に「日の丸」などを通じて天皇制が強要された歴史は今日あまり意識されない。学校では「日の丸」が強制され、多くの人びとが国際スポーツ大会で「日の丸」を振る。こうした行為は歴史を踏まえたときにいかなる意味を持っているのか。天皇制そのものを植民地支配の経験を踏まえて、正面から問う必要がある。

## 四　性差別と植民地支配――公娼制度を中心に

近代日本が日本軍性奴隷制度(日本軍「慰安婦」制度)をつくり、数多くの女性の尊厳を踏みにじった歴史は、この「明治一五〇年」の歴史を振り返るときに看過できない。このことは植民地支配との関係からさらに考察してみる必要がある。

日本の侵略によって荒廃させられ、さらに植民地支配によって生活基盤を破壊され没落させられた朝鮮民衆の状況は悲惨であった。特に朝鮮総督府の政策によって多くの農民は土地を失い、植民地地主制が形成され、収奪が強化されたことは重大であった。こうした中で、日本の公娼制度が朝鮮に持ち込まれ、人身売買と性産業が盛んになっていった。[12] このような歴史の延長線上に日本軍性奴隷制度があるのである。

ここでは人身売買の拡大が、日本企業である日窒財閥(戦後に水俣病をひき起こしたチッソの前身)による朝鮮での収奪経営と密接に結びついていたことを示しておきたい。日窒財閥は朝鮮総督府や日本軍によって強力にバックアップされながら、化学肥料事業などを通じて莫大な利益をあげた。日窒の工場があった水俣から朝鮮の日窒財閥の拠点であった興南にわたった日本人労働者の回想によれば、工場の近辺には、遊廓があったといい、ある労働者は、「朝鮮ピーに行けば、一発一円五〇銭だった」と振り返る。[13]「植民地は天国だった」との認識が日本人労働者にはあったとされるが、その背景にはこうした遊廓での体験があったのである。このように日窒興南工場の周辺には遊廓が立ち並んでおり、それは日窒の「繁栄」を象徴するものとして日本人側に意識された。

さらに、日窒関連工事によって、朝鮮で日本人が経営する遊廓は大いに潤った「料理屋、貸座敷営業者ノ御客ノ大部分ハ夫等(日窒)工事関係者デアルノデス」といわれており[14]、工事の隆盛で遊廓が繁栄したこと、日本人利用者が大多数だったことが報道されている。[15]

日窒工場の拠点に隣接した咸興という地域では、遊廓業者は大部分が日本人で、彼らは当時制限選挙だった地方議会において有力な地位を占めるなど、地域の有力者となっていた。日窒によって莫大な利益を得た日本人遊廓業者が、朝鮮の地方の支配者として君臨していたという構図が見て取れるのである。彼らが遊廓業を通じて得た莫大な富は、税金として植民地支配を支える役割を果たした。[16]

このように朝鮮総督府や軍隊と結びついて収奪経営を行っていた日窒は、莫大な利益を日本人遊廓業者にもたらし、その遊廓業者の利益が植民地支配の財源となったのである。日本の植民地支配は性差別を全面的に組み込んだものであった。こうした事実は、近代天皇制国家の人権無視の体質を解明する上でも参照されなければならない。

## 五　侵略史研究は終わったのか？

「日本の朝鮮侵略史という問題設定は古い。侵略と抵抗という二項対立図式ではない歴史を描くことが今の課題である」。こういった趣旨の発言を聞くことが多い。だが、本当に侵略史研究は古い課題であり、「過去の課題」といってしまっていいほどに日本の侵略の事実は十分に明らかにされたのだろうか。

日本は江華島事件以来朝鮮に介入し圧迫を加え続け、その侵略政策は日清戦争以降に全面化したと考えられる。その日清戦争については侵略・加害の事実の掘り起こしがいまだに進められている[17]。また、筆者の研究領域に引きつけていえば、日露戦争期における朝鮮侵略とそれへの朝鮮側の抵抗は断片的にしか明らかにされていない[18]。日本軍が朝鮮で何をしたのかについて、基本的な事実が十分にわかっていない部分が多いのではないだろうか。

日本の朝鮮侵略と植民地支配の歴史は、日本の近現代史を考察する際には、決して外すことのできない重要な要素である。というより、日本の近現代史の本質を理解しようとすれば、朝鮮侵略・植民地支配の問題を抜きにすることは不可能なのではないだろうか。日本の近代天皇制国家の形成は「韓国併合」に帰結したのであり、近代の日本は植民地支配という形で朝鮮を踏みにじることによって成り立っていた国家だからである。

朝鮮植民地支配の歴史を見ることがなぜ日本近現代史を理解する上で必要不可欠か、例をあげておこう。一九三〇年代以降、朝鮮では日本企業による公害が多発する。これは日本企業が日本本国で公害反対運動にあい、また、日本本国で公害を規制する動きが進む中で、植民地に公害を「輸出」した結果であった。日本本国の公害問題の「改善」は植民地の犠牲によって成り立っていたのである。この図式は戦後の「公害輸出」とも通底する[19]。

日本近現代史を下から見るという姿勢を徹底するのであれば、必然的に朝鮮などの植民地民衆の側から歴史を見ることにつながっていかざるをえない。「一国史を超える」という言葉は今、歴史学において頻繁に使われるフレーズである。この言葉は、植民地支配の苛酷な実態を踏まえて使われてこそ、より有効な意味を持つのではないだろうか。

侵略と植民地支配の実態を丹念に解明する仕事は、今なお喫緊の課題である。

## おわりに

明治維新を通じて形成された近代天皇制国家は、抑圧と人権無視をその特徴とし、非民主的な性格を有していた。その暴力性が最もむき出しになったのが、朝鮮をはじめとするアジア諸国を対象とした日本の侵略戦争・植民地支配であった。そして、こうした支配は植民地公娼制度の導入など性差別をも組み込んだものであり、それは日本軍性奴隷制度へと帰結した。近代日本の本質を理解しようとすれば、日本の侵略戦争・植民地支配の歴史を批判的に検証する作業は不可避であるということになる。また、こうした近代天皇制国家の抑圧的性格は、第二次世界大戦後にも形を変えながら継承されている。朝鮮への侵略戦争・植民地支配の責任ときちんと向き合っていないこと、朝鮮分断体制への加担、在日朝鮮人差別の強化などがその一例である。明治維新から一五〇年にわたる日本の近現代史を見るためには、日本が朝鮮をはじめとしたアジア諸国とどのようにかかわってきたのかを正確に認識する必要がある。

今、日本社会に必要なのは、以上で見た日本近現代の歴史を総体として批判することである。その際、侵略・支配の実態の解明とともに、朝鮮人側が一〇〇年以上にわたってあげてきた批判・告発の声を聴き取る作業が重要な課題である。ここでいう「声」とは文字として残されたものだけを指すのではない。侵略と植民地支配、そして分断、民族離散にさらされた朝鮮人は記録に残されることもないまま、圧倒的な暴力の中でこの世を去って行かざるを得なかった場合が多い。徹底的に抑圧され踏みにじられた人びとの日本批判の声はどのようにしたら聴き取ることができるのか。歴史学の重大な課題である。

侵略と植民地支配と向き合う中で朝鮮人は真の解放を求めてたたかい、さまざまな実践に主体的にとりくんだ(20)。こうしたとりくみは解放直後の民族統一国家樹立に向けた活動に継承されていった。これは結局分断国家の樹立によって挫折させられるが、その後の韓国の民主化運動や今日の平和と統一を目指す動きへと継承されている。日本社会の側にとっては、こうした朝鮮側の真の解放を求める主体的なとりくみの歴史を知り、学び、自らの朝鮮認識を問い直していくことが重要な課題なのである。

(1) 「3・1절 맞아 태극기 든 대선주자들… 〝3・1정신이 촛불정신〟 한목소리」『the 300』二〇一七年三月一日付。http://the300.mt.co.kr/newsView.html?no=2017030113277669264(二〇一八年八月二日最終閲覧)
(2) 姜萬吉編著、太田修・庵逧由香訳『朝鮮民族解放運動の歴史——平和的統一への模索』法政大学出版局、二〇〇五年など。なお、大韓民国憲法は前文で三・一運動を受け継いでいることを謳っている。
(3) 申「日本の罪悪有りて功徳なきを論ず」『改訂版丹齋申采浩全集』別巻、一九七七年、原文は漢文。申の日本認識については拙稿「朝鮮民族運動家の日本観」杉並歴史を語り合う会・歴史科学協議会編『隣国の肖像——日朝相互認識の歴史』大月書店、二〇一六年参照。
(4) 宮田節子『朝鮮民衆と「皇民化」政策』未来社、一九八五年など。
(5) 平壌地方法院検事正「御大礼当日ノ状況ニ関スル件報告」一九二八年一一月一一日、法務局刑事課『昭和六年 恩赦ニ関スル雑書綴』CJA0004029、韓国国家記録院所蔵。
(6) 平壌地方法院検事正「御大礼奉祝状況ニ関スル件報告」一九二八年一一月一五日、法務局刑事課『昭和六年 恩赦ニ関スル雑書綴』CJA0004029、韓国国家記録院所蔵。
(7) 『釜山日報』一九二八年一〇月二四日付。
(8) 『釜山日報』一九二八年一〇月二七日付。
(9) 前掲「御大礼当日ノ状況ニ関スル件報告」一九二八年一一月一一日。
(10) 前掲「御大礼奉祝状況ニ関スル件報告」一九二八年一一月一五日。
(11) 朝鮮軍司令官森岡守成「聖上陛下御不例に関する一般民情の件」一九二六年一二月二四日、JACAR(アジア歴史資料センター)Ref. C10050066800、昭和1~2年 大正天皇陸特綴 其1 1/4(防衛省防衛研究所)。
(12) 宋連玉「日本の植民地支配と国家的管理売春——朝鮮の公娼を中心にして」『朝鮮史研究会論文集』

三三集、一九九四年など参照。
(13) 岡本達明・松崎次夫編『聞書水俣民衆史5 植民地は天国だった』草風館、一九九〇年。
(14) 「第一三回咸興府会会議録」(一九三四年)『咸興府関係書類』CJA0003067、韓国国家記録院所蔵、二〇四―二〇五頁。
(15) 『東亜日報』一九三五年九月四日付。
(16) 拙稿「기업도시・식민지지배・성차별(企業都市・植民地支配・性差別)」『Redian』(韓国ウェブサイト)、二〇一八年三月一三日(http://www.redian.org/archive/119676)。
(17) 井上勝生『明治日本の植民地支配――北海道から朝鮮へ』岩波書店、二〇一三年。「特集 日清戦争と東学農民戦争」『人文学報』一一一号、二〇一八年など。
(18) 拙稿「日露戦争下における朝鮮東北部の「軍政」」『一橋社会科学』八巻、二〇一六年、同「日露戦争初期の朝鮮東北部」『アジア民衆史研究』一八集、二〇一三年など参照。
(19) 拙稿「朝鮮植民地支配と公害」『史海』六一号、二〇一四年など。
(20) 梶村秀樹「一九二〇~三〇年代の民衆運動」『梶村秀樹著作集4 朝鮮近代の民衆運動』明石書店、一九九三年。

# 6 ヨーロッパから明治を問いなおす

割田聖史

## はじめに

二〇一八年は、明治一五〇年にあたる。すでに他の論文でも触れられていると思うが、内閣官房「明治一五〇年」関連施策推進室などが、明治一五〇年関連イベントなどを推進し、また、それらを基に文書館や地方自治体にお金を落としているといわれている。首相官邸のＨＰには以下のような文章がある。

平成三〇年（二〇一八年）は、明治元年（一八六八年）から満一五〇年の年に当たります明治以降、近代国民国家への第一歩を踏み出した日本は、明治期において多岐にわたる近代化への取組を行い、国の基本的な形を築き上げていきました。

内閣制度の導入、大日本帝国憲法の制定、立憲政治・議会政治の導入、鉄道の開業や郵便制度の施行など技術革新と産業化の推進、義務教育の導入や女子師範学校の設立といった教育の充実を始めとして、多くの取組が進められました。

また、若者や女性等が海外に留学して知識を吸収し、外国人から学んだ知識を活かしつつ、単なる西洋の真似ではない、日本の良さや伝統を活かした技術や文化も生み出されました。

政府では、「明治一五〇年」を迎える平成三〇年(二〇一八年)を節目として、改めて明治期を振り返り、将来につなげていくために、地方公共団体や民間企業とも一緒になって様々な取組をしています。①

このように、「明治一五〇年」事業は、官邸が中心となって推進されているはずである。しかし、全体として「盛り上がっていない」。このように感じるのは私だけではないと思う。この盛り上がらない「明治一五〇年」をなぜことさらに取り上げて、私たちは考えなければならないのか。また、私たちは、なぜ「明治一五〇年」に反対しなければならないのか。

何かの歴史的事象から〇〇年を記念するという行為はどの国や地域でも行われている。例えば、フランス革命は一九八九年に二〇〇周年を大々的に祝われているし、今年二〇一八年はポーランドやチェコなどは独立一〇〇周年、ドイツ革命も一〇〇周年にあたり、それぞれがそれなりに祝われ、意味づけられるだろう。

私たちが「明治一五〇年」をことさらに批判するのは、だれもが共有できる「国民の歴史」になっていないからなのだろうか。しかし、他のどの国や地域でも記憶に関する分裂や異議はつきものであり、このことだけでは批判する理由にはならない。

筆者は一九世紀のヨーロッパについて関心を持っていることから、ここではヨーロッパを視野に入れつつ、「明治一五〇年」を言祝ぐ理由について考えることから始めたい。

官邸HPの文言で気になるのは、「若者や女性等が海外に留学して知識を吸収し、外国人から学んだ知識を活かしつつ、単なる西洋の真似ではない、日本の良さや伝統を活かした技術や文化も生み出されました」という箇所である。

ここには、西洋から日本が受けた影響をできるだけ抑えた形で理解し、日本の「独自性」「内発性」をより強調するという意識が働いているといえるだろう。

## 一 「近代の始点」としての明治

くしくも、二〇一八年三月に新しい高校学習指導要領が公示された[2]。この学習指導要領は、従来の世界史必修、世界史A・B、日本史A・B体制を根本的に変化させ、必修科目の歴史総合、選択科目の日本史探求、世界史探求という科目を設置するとしたもので、日本の歴史教育の大きな変化として記憶されるべきものである。

その歴史総合であるが、「近現代の歴史の変化に関わる諸事象」を学習・理解するものとされ、一八世紀後半以降の日本および世界の歴史を扱うものとされている。その内容は、「近代化と私たち」、「国際秩序の変化や大衆化と私たち」、「グローバル化と私たち」と分けられ、それぞれ一八世紀から日清・日露戦争、帝国主義までの時期、第一次世界大戦から第二次世界大戦・平和条約・日本の独立回復まで、冷戦からその終結後そして現在までというように時期区分されている。

明治は、「近代化と私たち」の時期に配置されている。「近代化」とは何を言っているのかが定かではないが、その対象として「交通と貿易、産業と人口、権利意識と政治参加や国民の義務、学校教育、労働と家族、移民」が挙げられている。また、「近代化と私たち」の時期は、「結び付く世界と日本の開国」と「国民国家と明治維新」とに区分される。前者では、「一八世紀のアジアや日本における生産と流通、アジア各地域間やアジア諸国と欧米諸国の貿易などを基に、一八世紀のアジアの経済と社会」、「産業革命と交通・通信手段の革新、中国の開港と日本の開国などを基に、工業化と世界市場の形成」、後者では、「一八世紀後半以降の欧米の市民革命や国民統合の動向、日本の明治維新や大日本帝国憲法の制定などを基に、立憲体制と国民国家の形成」、「列強の進出と植民地の形成、日清・日露戦争などを基に、列強の帝国主義政策とアジア諸国の変容」が扱われる。

さらに、「富国強兵や大日本帝国憲法の制定など日本の近代化への諸政策については、この時期に日本の立憲国家としての基礎が形成されたことや、それらと欧米諸国の諸政策を比較するなどして近代国家として日本の国際的地位を欧米諸国と対等に引き上げようとするものであったことに気付くようにすること」、「日本の近代化や日露戦争の結果が、アジアの諸民族の独立や近代化の運動に与えた影響」、そして、アイヌ、琉球、竹島、尖閣といった境界地域を扱うことが強調されている。

この歴史総合の近代認識は、日本という主体を中心に置き、その視線の先の近景にアジア、遠景に欧米を置くという構造になっている。そして、遠景の欧米からの影響をできるだけ小さなものにし、近景のアジアへの日本の好影響をできるだけ大きく描こうとしている。これは、裏返しのヨーロッパ中心主義の現れともいうべきものであり、「明治一五〇年」の官邸のＨＰの文言と同じ意識構造を持っている。

このような認識はよくあるものであり、特にオリジナリティのあるものではない。ただし、ここで確認しておかなければならないのは、原始古代から連綿と続く「日本・日本人」が措定されているのではなく、「近代に形成された日本・日本人」として主体をとらえ、その形成・展開が問題となっているということである。このため、国民形成論を受容した上で、どのような「日本・日本人」を作るかが争われることとなる。

だからこそ、日本の近代の始まりである「明治」「明治維新」は、この「近代に形成された日本・日本人」にとって重要であり、言祝がれなければならないのである。

そして、日本における「近代」もしくは「近代化」の「始点」を「明治」「明治維新」に置くという認識は、「明治一五〇年」を批判する私たちにも共通している。私たちは、「明治」を、いわば「特別扱い」しているという点では、言祝ぐ側と共通しているのである。

## 二 「世界史」のなかの明治維新、「世界の歴史」のなかの明治維新

近代の「始点」ということに関して、ヨーロッパの事象を参照してみると、周知のように、明治維新はしばしばフランス革命を比較の対象としてきた。

一七八九年に始まったフランス革命は、フランスの政治や社会を旧体制《アンシャン・レジーム》と断絶させ、市民社会を作り出したとされる。その市民社会は、人権・自由・国民主義・民主主義に基づいたものであ

り、現在にまで続く価値を創出した。さらに、フランス国制の観点では、王政から共和政へという大きな転換点でもある。

フランス革命は、社会経済的観点では、その担い手や成果から、ブルジョワ革命とされる。フランス革命の社会経済的側面への着目は、社会主義者であるジャン・ジョレスに始まり、その関心はアルベール・マチエに引き継がれた。マチエは、ロシア革命を受けて、フランス革命を社会主義革命の前提となるブルジョワ革命であると位置付けた。その後、フランス革命は、マルクス主義歴史学の「世界史の基本法則」という観点において、ブルジョワ革命の「典型」として理解されることとなった。そのため、フランス革命は、「世界史」的な「普遍性」を持つ歴史的事象と位置付けられた。

日本近代の「始点」である明治維新がブルジョワ革命だったかどうかが、「日本資本主義論争」で激しく争われたのは周知の通りである。また、ブルジョワ革命の「典型」であるフランス革命と明治維新を比較して、日本の近代がどのように逸脱し、相違があるのかについても議論されてきた。

フランス革命や西ヨーロッパを進歩や発展の模範として自分たちと比較するというのは、日本だけに限ったものではない。フランス革命後の一九世紀の革命は、革命の当時から自分たちの行動が「革命」であると名乗り、フランス革命をその範としていた。一八四八年三月から始まったドイツの革命は、自分たちが行っていることを最初から「革命」と認識していた。その上で、当時の自由主義者・民主主義者たちは、自分たちが目指すべきものは、「西」の自由であり、「東」の専制ではないことを自覚していた。これも比較の意識から生まれた評価である。たしかに、この一八四八年のドイツの革命は、反革命に敗れ、統一国家ドイツを作り出すことはできなかった。しかし、革命後、ドイツ諸邦では産業化が進展していくこととなる。

マルクス主義的歴史学の理解では、このドイツでの革命は、ブルジョワジーが主導できなかったために「失敗」と評価され、その後のドイツの近現代史の「逸脱」の原因となったとされた。

しかし、一九八〇年代の「ドイツ特有の道」論争において、この「典型」「逸脱」という観念が問題となった。もともと、「ドイツ特有の道」という表現は、ドイツの近代化の英仏に比べた急速さを肯定的に評価するものであった。しかし、ナチ支配とその後の崩壊へと至った結果、「ドイツ特有の道」はその含意を変え、ドイツ近代の「歪み」「逸脱」を表現する言葉となった。「ドイツ特有の道」論争では、イギリスのニューレフトの歴史家たちが、イギリスの近代の「典型性」というテーゼそのもの、そして、それを規準として比較をするという思考方法が問題であることを示した(D・ブラックボーン、J・イリー『現代歴史叙述の神話――ドイツとイギリス』望田幸男訳、晃洋書房、一九八三年)。

マルクス主義的な「世界史の基本法則」といった単一な規準に基づく比較は、もはや不可能であることが明らかになって久しい。誰もが納得する評価軸がないということは、比較という方法は、個別なもの同士の比較となっていくこととなる。

フランス革命の研究は、元来は政治史への関心が中心であった。政治史上での転換点という位置付けでは、フランス革命は、アンシャン・レジームから市民社会への大きな転換点であり、そして、国制面では、現在にまで至る共和政の始点である。

アカデミズムにおける「正統派」のフランス革命史学は、一八八五年にパリ大学のフランス革命史講座の教授に就任したアルフォンス・オラールに始まる。オラールの手法は、厳密な史料批判に基づく実証主義であり、その関心は政治史に集中していた。フランス革命史講座が成立した時期は、左右からの攻撃により共和政は不安定であった。同時に、一八八九年にフランス革命一〇〇年を控えていた。このような状況下、オラールは、革命一〇〇年を祝い、共和政を擁護する議論を展開した。オラールの著作は、実証主義的な研究であったが、その立場は極めて政治的であったのである。また、一九三九年に当時の革命史講座の教授であったジョルジュ・ルフェーブルは、一九三九年の革命一五〇年に際して、『八九年』(ジョルジュ・ルフェーブル『一七八九年──フランス革命序論』高橋幸八郎・柴田三千雄・遅塚忠躬訳、岩波書店、一九七五年(岩波文庫、一九九八年))を著し、迫り来るナチズムの脅威に対して、フランス革命で「一七八九年の父祖」たちが獲得した自由と平等の擁護を「一九三九年の若者」に訴えた。このように、フランス革命は、フランス人にとって守るべき価値を創出した歴史的事象なのである。

さらに、オラールが特に「人権宣言」を重視していたように、フランス革命が示した「人権宣言」などの理念は、近代世界が目指すべき普遍的な価値として理想化された。そのため、フランス革命は、近代にとって「普遍性」を持つ特別な歴史的事象となったのである。

フランス革命の「特別扱い」は、一九七〇年代には、フランソワ・フュレらによって批判されるようになった。ブルジョワが革命を担ったという点については、革命以前のフランスにおいては階級としてのブルジョワジーが存在しなかったこと、したがって貴族とブルジョワジーの階級対立もなかったということが、すでにフュレ以前に指摘されていた。さらにフュレによれば、貴族と平民上層は、身分の違いを超えてエリート層を形成しており、アンシャン・レジーム末期から国政改革を目指していた。このため、フランス革命による大きな「断絶」そのものもないこととなる（フランソワ・フュレ『フランス革命を考える』大津真作訳、岩波書店、一九八九年）。

しかし、フュレの批判はむしろ、フランス革命史が「起源の物語であり、そしてアイデンティティーについての言説でありつづけた」という点に向けられている。これは、正統派の革命史家の研究の前提となっているイデオロギーそのものを問題の俎上に乗せたということを意味しており、歴史認識をめぐって激しい論争となった。

このような論争を通じ、フランス革命は政治的・社会経済上の大きな「変化」や「断絶」であるとは単純にいうことができなくなり、また、社会主義体制が崩壊することでマルクス主義的なイデオロギーもその影響力を弱めた。このように、フランス革命を「特別扱い」することは難しいものとなった。では、フランス革命は何の変化ももたらさなかったのか。このような疑問に対して、リン・ハントらは、フランス革命のもたらした変化は、「政治文化」上の変化であると主張し、言語、表象といった対象へと研究の視野を広げていくこととなった。③

明治維新もこのような「特別扱い」される歴史的事象であるが、「普遍性」という点ではフランス革命に大きく劣る。また、日本の場合は、一九四五年というさらに大きな「断絶」があるため、明治維新は、フランス革命のような絶対的な存在たりえず、その「特別扱い」は相対的なものであったといえよう。

フランス革命の叙述・評価を念頭に置きながら、二〇〇〇年代に出版された明治維新に関する論集である吉川弘文館『幕末維新論集』(全一二巻、二〇〇〇—二〇〇一年)と、有志舎『講座明治維新』(全一二巻、二〇一〇—二〇一八年)を見ていく。前者は既発表論文を編んだ研究史の総括を、後者は明治維新の最新の研究成果を体系的に示すことを目指したものと性格の違いはあるが、双方とも第一巻は『世界の中の明治維新』(吉川)、『世界史のなかの明治維新』(有志舎)となっており、明治維新を「世界」という観点から見るものとなっている。

『幕末維新論集1 世界の中の明治維新』(吉川)は、一九六〇年代から一九九〇年代の論文が収められているが、日本資本主義論争、フランス革命との比較、アジアとの比較、「世界史」上で……というように「比較」を重視した論文が多い。この比較は、「世界史の基本法則」が念頭に置かれているが、日本の置かれた世界史的位置から生じるアジアやヨーロッパとの関係を描き出すことで、単一的な図式に基づいた比較一辺倒ではない。

これに対し、『講座明治維新1 世界史のなかの明治維新』(有志舎)には、国際情勢、対外情報、「境界」地域、政治文化・外交規範の変化、といった論考が並んでいる。世界の他の地域・時代の革命との比較ではなく、明治維新のタイムスパンを一九世紀前半まで伸ばし、その世界の「連関」を描くという構成になっており、明治維新はグローバル化する世界の中の一コマとなっている。

世界の中の明治維新というテーマを見たとき、研究史上では、単一の「世界史」的な規準における比較から、「世界の歴史」のなかの日本という連関へと視点が移ってきていることがわかる。この意味では、『世界の中の明治維新』(吉川)が「世界史」、『世界史のなかの明治維新』(有志舎)が「世界の中の」という表題を持つ方がよりふさわしいだろう。

連関への視点の移動は、グローバルヒストリーというかたちでの地球大の連関にまで行き着きうる。『世界史のなかの明治維新』(有志舎)で扱っている政治文化の伝播・変化といったテーマは、グローバルヒストリー上に位置付けやすいものである。ただ、明治維新は基本的には政治的でナショナルな事象である。グローバルヒストリーの中でナショナルな政治的事象をどのように位置付けるのかという点については、この巻ではあまり意識されていないように思われる。

現在のグローバル化は、思想的には新自由主義を伴って進展している。そして同時に、官邸のHPや学習指導要領に見られるように、新自由主義的な世界の中でナショナルな意識が再び強く現れてきている。これは日本だけでなく、合衆国や東ヨーロッパの政権を見れば世界的な現象であることは明らかである。このような状況下で、フランス革命や明治維新のような(古典的)自由主義時代のナショナルな単位の政治史を狭隘なナショナリズムに陥らずに叙述することは難しい課題であるが、自由主義と新自由主義の連続性と断絶を明らかにすることは現代的課題からの要請でもある。

## 三 「明治一五〇年」にとっての「一九六八年」

二〇一八年の「明治一五〇年」は、一九六八年の「明治百年」を経験した後のものである。そこで、ここでは、一九六八年が、現在の「明治一五〇年」に持つ意味についても考えておきたい。

一九六八年は、それがもはや一種の固有名詞のように使われる年号である。それは、ヨーロッパ、アメリカだけでなく、世界中で学生運動などのプロテストが噴出した。

『ニューズウィーク』のポーランド版は、二〇一八年一月に「革命一九六八（Rewolcja '68）」という特集号を出した。「五〇年前世界は変わった（50 lat temu zmienił się świat）」と副題が付いており、内容は、セックス／ロック／バリケード／青年の理想主義対保守主義／ポーランドの反ユダヤ主義／映画・音楽の文化的ランキング／転換期におけるモードとデザインのトレンド、といったテーマが挙げられている（*Newsweek Polska. Wydanie specjalne 1/2018*）。

一九六八年には、ヨーロッパでは「プラハの春」、パリの「五月革命」などの当時の学生運動や民主化運動といった大きな騒乱が起こった（ポーランドでは一九六八年三月に「三月事件」と呼ばれる、学生デモを契機とした反ユダヤキャンペーンが展開された）。

このようなヨーロッパでの動きを、五〇年後のポーランドの『ニューズウィーク』は、「革命」と呼んでいるのである。世界各地で起こった運動相互に関連はないかもしれないが、「革命」とも表現される時代の雰囲気の中で、自分たちが変化の担い手となる意識と可能性を持った人々が、ヨーロッパではさまざまな変革運動を、日本では「明治百年」反対運動を行っていたのである。

筆者は、冒頭で、「明治一五〇年」が「盛り上がらない」と書いた。これは、一九六八年の「明治百年」と無意識に比較している言葉だと思う。筆者は一九六八年には生まれておらず、当然この時期のことは体感していないが、記録を見る限りにおいて二〇一八年の「明治一五〇年」とは「盛り上がり」が異なっている。

この「盛り上がり」は、明治百年記念式典が一九六八年（昭和四三年）一〇月二三日に開催されたというだけでなく、その前年には「紀元節」復活の問題があり、軍国主義復活の危険への反対が全国的な運動となったためである。

歴史科学協議会は、パンフレット「戦争と破滅への祭典――「明治百年祭」を告発する」を出した(この内容は、『歴史評論』二一三号(一九六八年五月)「特集・「明治百年」論批判」にある)。見出しを挙げていくと、「明治百年」ブームがしくまれている/「明治百年」はなにをねらっているか/明治百年祭はなぜ国家行事としておこなわれるのか/政府や財界の指導者は、「繁栄と栄光の明治百年」といっているが…/「明治百年祭」の道は軍国主義とファッショへの道/軍事力は強大になった/財界は軍備増強をもとめている/憲法と安保条約がはげしく対立している/国民が軍国主義の思想に感染しない/「明治百年祭」とたたかう道は独立・平和・民主主義の道/近代日本の歴史は人民のすすむべき道をおしえている/日本の軍国主義化はアジアと世界の歴史にさからって破滅する/日本人民の歴史も、独立・平和・民主主義の道をもとめている、となり、一般向けのパンフレットらしく、見出しだけでその内容が一目瞭然である。そして、「軍国主義とファッショか、独立・平和・民主主義かをめぐる激しい決戦」という姿勢が示されている。また、同『歴史評論』二一三号の高橋磌一「日本人民にとって「明治百年」とはなにか」という論考は、「明治百年」という思考方法が、「節目節目」を大切にしない「のっぺらぼう史観」であると指摘している。

このように見ていくと、一九六八年の批判点と二〇一八年の批判点があまり変わっていないことに気付かされる。

反対運動の結果はどうだったのか。『歴史評論』二二二号(一九六九年二月)には、歴史科学協議会

「明治百年祭」反対運動総括小委員会の名で「われわれの反対運動と「明治百年祭」のみじめな敗北」という総括が掲載されている。ここには、各地で行われた反対運動やさまざまな団体・社会層・歴史系諸団体の「戦線」が記録されている。そして、式典自体も「ショボイ」ものであり、それ以外の行事や事業も「しりつぼみ」となっているとしている。

反対運動は成功したのである。その上で、本当の闘いは「一九七〇年」の安保闘争であり、その勝利を目指すための教訓として、①広範な人民の統一、統一戦線の力があれば、「軍国主義復活の策謀」と徹底的に戦い、政府に打撃を与えることができる。②「日本国憲法支持と敗戦体験に根ざす、反戦平和・独立・生活向上・民主主義の国民的潮流」があること。③国民の歴史意識・歴史認識の変革と発展をつうじて国民自身をめざめた政治意識で武装させることができる。そして、「七〇年安保闘争」は「六〇年安保闘争」よりも条件が飛躍的に発展している、と結んでいる。

ここには、「明治百年」反対運動は勝利した、という認識が示されている。ここで述べられている言葉に着目すると、パンフレットにも総括にも、「勝利・敗北」「戦線」といった軍事用語が並んでいる。この反対運動は、「戦い」であり、また未来を切り開くという自覚があったのだといえよう。ただし、この「戦い」は、「六〇年」から続く反軍国主義との闘争の一環であり、あくまでも、「七〇年安保闘争」の前哨戦に過ぎず、戦いはまだ続いていくと考えられていた。この「戦い」は、一過性のものではなく、「勝利」も「敗北」も、「過去」も「未来」もあったのである。

また、反対運動の目的であり、原動力でもあったのは、「反戦平和・独立・生活向上・民主主義」ということとなろう。

## おわりに

二〇一八年の私たちが「明治一五〇年」を批判するのは、「明治百年」のときと同じく、軍国主義への反対のためであり、また、「明治一五〇年」という思考法が日本の近代を繁栄のみの歴史と単純化して描くことで、アジアへの加害を忘却させようとする歴史観に貫かれているからである。そのため、二〇一八年の私たちにとっても、「反戦平和・独立・生活向上・民主主義」という言葉は、五〇年前と同様に、スローガンであり、目的たりえるだろう。これらは今でもよく耳にする言葉であり、その価値そのものは今でも失われてはいないはずである。

しかしやはり一九六八年と二〇一八年は違う。筆者は大学で勤務しているが、学生と話していた時に、「平和が大事だというのは理解できるが、それが何なのかよくわからない」という言葉があった。

新自由主義の現在において、「反戦平和・独立・生活向上・民主主義」が訴えていた言葉の意味は完全に簒奪され、その内容は空洞化させられている。この点において、一九六八年の言葉は、現在は生きていない、少なくとも自明ではない。

また、その学生は、歴史を学ぶことや将来について、「ふわふわしている」とも述べていた。これは、五〇年前のような「変化」を担う主体として自分を認識していないということであろう。同時に、政府が期待するような「近代化の担い手」に自身を連ねるような認識にも該当しない。この発言は、むしろ、歴史という時間に軸をとった通時性に基づく自己認識が弱まっていることを示している。インターネットなど瞬時に膨大な情報量が流れ込むという共時性の増大の中で、自己認識を形成するため、その時々の情報や感情に左右されることになり、「ふわふわしている」と感じるのだと筆者は考えている。だからこそ、通時性に基づいた感覚である「明治一五〇年」は、推進する側にしても反対する側にしても盛り上がらないのだろう。

「ふわふわ」という形容が適切なのかどうかはわからないが、少なくとも学生を含めた私たちの自己認識や私たちを取り巻く状況は五〇年前とは大きく異なっている。「反戦平和・独立・生活向上・民主主義」という言葉に価値があることがわかっているのにもかかわらず、昔のようにその意味が自明でないのであれば、もう一度その意味を繋ぎ直していなければならない。

(1) http://www.kantei.go.jp/jp/singi/meiji150/portal/ この他に、国と地域の連携事業の「キックオフ地域イベント」というかたちで、「それぞれの地域にまつわる明治期の取組や活躍した人々など」を取りあげたイベントが入場無料で行われている。http://www.kantei.go.jp/jp/singi/meiji150/portal/kickoff/

(2) 高校学習指導要領は、http://www.mext.go.jp/a_menu/shotou/new-cs/1384661.htm

(3) フランス革命の研究史は多くの著作があるが、近年のものでは、山﨑耕一・松浦義弘『フランス革命史の現在』山川出版社、二〇一三年、などを参照。また、パリのフランス革命史研究所の現状など、最近の事情も含めた研究史は、山﨑耕一「フランス革命史の現在」『歴史評論』八一〇号、二〇一七年一〇月。

# 7　隠蔽される過去
## ――明治とジェンダー

平井和子

### はじめに

二〇一八年元旦の「年頭所感」を安倍晋三総理は「本年は、明治維新から、一五〇年の節目の年」であることから始めた。続けて、津田梅子（一八六四―一九二九）の名前を挙げ、「性別に関係なく個人の能力が活かされる米国社会に学び」、「その生涯を、日本人女性の可能性を開花させることに捧げました」と述べた。「明治日本の新たな国創りは、植民地支配の波がアジアに押し寄せる、その大きな危機感と共に、スタートし」たが、「国難とも呼ぶべき危機を克服するため、近代化を一気に推し進める。その原動力となったのは、一人ひとりの日本人です」という。そして、一五〇年後の現在も少子高齢化という「国難」に直面しているが、「女性も男性も、お年寄りも若者も、障害や難病のある方も、一度失敗を経験した人も、誰もが、その能力を最大限に発揮できる「一億総活躍」社会」づくりによってこそ、日本は「成長できる」と主張する。(1)明治維新期と現在を重ね合わせ、「国難」を克服するために日本人一人ひとりが志と熱意を持つことを一国の総理が呼びかけ、わけても女性の「活躍」が顕彰されることはどのような意味を持つのか？　安倍総理が前提とする近代化＝良きもの、明治維新＝近代化の成功物語という歴史認識はジェンダー視点で検討するとどのようなことが見えてくるのか？　本稿では、この二点に関して、対象を明治維新に限らず、明治期から昭和戦前期まで広げて考える。なぜなら、明治維新政府が産み出したジェンダー秩序が最もその「効力」を発揮したのがアジア・太平洋戦争期であったから。

さて、政府が推し進める「明治一五〇年」事業の「基本的な考え方」では、「明治以降の歩みを次世代に遺す」の中に「女性を含めた教育の充実」、「明治の精神に学び、更に飛躍する国へ」の中に「能力本位の人材登用」、「機会の平等」が挙げられ、「若者や女性が、外国人から学んだ知識を活かし、新たな道を切り拓」いたとされている。(2)　安倍総理の「所感」は、これを念頭に、さらに男女共同参画社会基本法の「性別にかかわりなく、その個性と能力を十分に発揮することができる」社会というフレーズを周到に使用、津田梅子をその好例として挙げている。

しかし、ジェンダー視点でみると、岩倉使節団に随行した留学生四三名中、五人の女子は、男性と比べて圧倒的に年齢が低く（六―一六歳）、「家庭生活《ホームライフ》」の学徒として一〇年間という長期留学が設定された。これに対し、男性は近代国家建設に即応できる政治・経済分野を担うべく短期の留学期間であった。一〇年後に帰国した津田梅子はアメリカで身につけた能力を活用する公職を得られず、ふたたびアメリカへ留学（一八八九年）、女子の高等教育機関が必要だと痛感して一九九〇年女子英学塾（津田塾大学）の開校に至ったのである（高橋裕子『津田梅子の社会史』玉川大学出版部、二〇〇二年）。

津田梅子の一例を見ても、維新政府が期待する役割は、男性と女性とでは異なり、「能力本位」、

「機会の平等」とはいえないジェンダー・ギャップがあったのである。(3)

## 一　ジェンダー秩序の下で

### 1　女性差別の制度化——政治の場からの排除

近代国民国家の成立にあたり、ジェンダー秩序の再構築は維新政府にとって最も重要な国家的課題であった。明治前期、近世的ジェンダー秩序を、「文明」の名において造り替えようとする政府のジェンダー政策には様々な揺らぎがみられる。しかし、自由民権期から大日本帝国憲法制定、一〇年に及ぶ論争を経て一八九八(明治三一)年に公布された明治民法などの規定によって、女性の政治的無権利、家父長の下での従属的地位は決定づけられた。近年、近世から明治前半期のジェンダーやセクシュアリティがドラスティックに変化する過程を追った研究が近世史研究者から出されている。例えば、長野ひろ子は、幕藩制国家の公的・権力的空間にいた春日局が、民権期から憲法制定へと向かう時期に、歌舞伎の演目として劇場という民衆的空間に姿を現し、その政治性を薄められ、夫や子どもなど他者へ献身する「良妻賢母」として再構築されたことを明らかにしている。それは、同時期、江戸時代の代表的な一揆の首魁・佐倉惣五郎が自由民権の先駆者・政治主体として甦ったのとは対照的な現象であった。そしてそれは、現実に進行するジェンダー秩序の変化を象徴するものであった(長野『明治維新とジェンダー』明石書店、二〇一六年)。

女性の政治的権利の消失に関して、一八七六(明治九)年七月三〇日に行われた浜松県民会選挙で

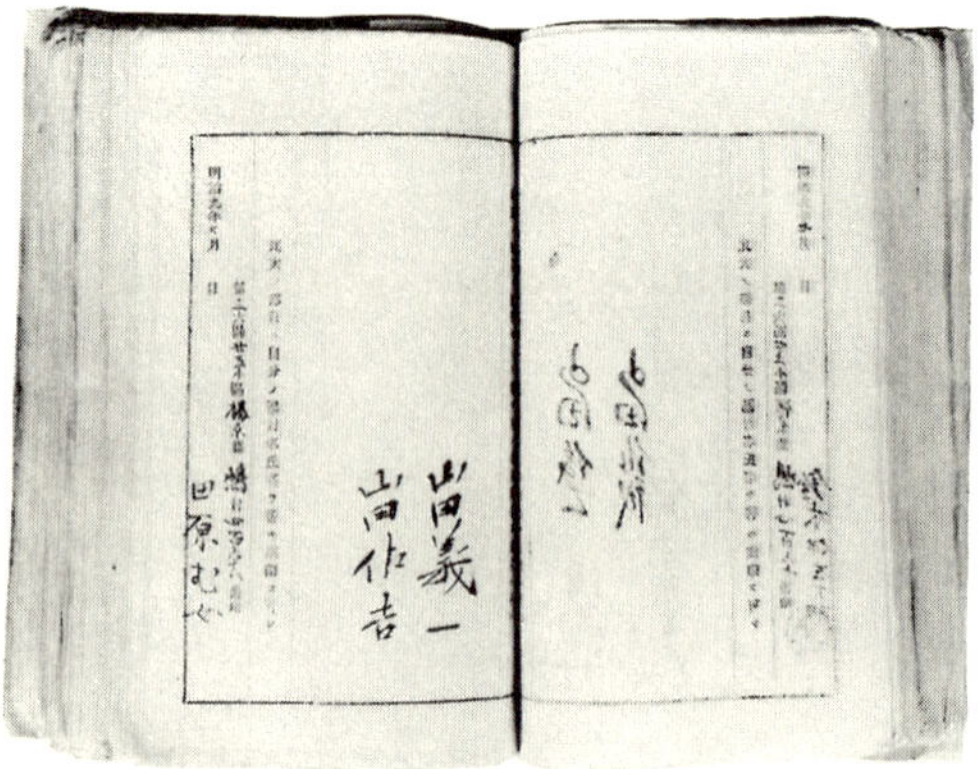

**図1**　浜松県民会選挙,「田原む女」の投票用紙(『静岡県史 資料編16(近現代1)』1989年)

女性が投票を行った事例を挙げておきたい。浜松県民会の選挙規定では、有権者の資格として、一六歳以上の戸主であれば性別による区別がないことをうたっていたため、榛原郡五和《ごか》村（島田市）に女性一七人の署名投票用紙が残されている（図1）。これが現在、資料的に確認できる「全国初の女性参政権行使」である（静岡県はこれを記念して七月三〇日を「ふじのくに男女共同参画の日」としている）。浜松県民会は、地租改正における協議機関の開設を熱望する豪農を中心に設置が可能になったが、翌年、統一の静岡県が発足し、この規定は無効になった。それから二年後（一八七八年）の高知で、女戸主も納税の義務が課せられながら、選挙権が与えられないことは承服できないと、村役場、高知県、内務省へ詰め寄った楠瀬喜多《くすせきた》は、土佐の「民権ばあさん」の名で知られている。一八八〇（明治一三）年、土佐郡上町の町会と小高坂村の村会では女性参政権が実現し、一八八四年の区町村会法改正で選挙権が二〇歳以上の男性に限られるまで存続した。

「戸主であれば」という条件つきであったが、近代国家体制が固まる以前の明治初期から中期にかけて選挙権行使に性別をもちこまない事例があったことはもっと記憶されて良い。近代国家は女性の政治的権利を奪って成立したことを強く意識して、市川房枝は自分の生まれた年(一八九三年)を、「明治憲法発布四年後、婦人の政治活動を禁止した集会結社法公布から三年後であった」(『市川房枝自伝　戦前編』新宿書房、一九七四年、二頁)と記すことから自伝を始めている。

## 2　女性差別の制度化──明治民法

明治中期から敗戦まで女性たちに最も大きな足かせとなったのが、一八九八(明治三一)年に公布・施行された明治民法である。新政府はすでに一八七一(明治四)年の戸籍法によって、すべての国民を身分に関係なく、その生活単位である「戸」で掌握し、これによって「家」は、国家の基礎単位として、徴兵・納税・教育の基盤となるとともに、天皇夫婦を御親《みおや》とする家族国家観として国民にも浸透していく。明治民法は、「家族」を「戸主およびその親族と配偶者」(七三二条)とし、「戸主及び家族は其家の氏を称す」(七四六条)、「家族が婚姻又は養子縁組を為すには戸主の同意を得ることを要す」(七五〇条)、「妻は婚姻に因りて夫の家に入る」(七八八条)と、一夫一婦という異性間の法律婚と、男性戸主の家族員への絶大な権力を与えた。子どもは父の家のもの(七三三条)で、親権は父親にあり(八七七条)、妻の財産は夫が管理し(八〇一条)、妻は法的遂行者として「無能力者」と規定された。また、性の二重基準に立脚し、離婚の要因として妻のみに姦通罪を適用し(八一三条)、夫が姦通罪に問われるのは相手が有夫の妻である場合に限られた。つまり、妻は夫の所有物であり、妻の姦通相手は夫の所有権を侵害したという考え方が背景にあった。

このような性の二重基準やジェンダー・ギャップに満ちた明治民法の下、女性たちが負った苦難は過酷であった。たとえば、国家資格をもった女性医師第一号となった荻野吟子(一八五一―一九一三)は、夫から淋病をうつされ、離婚。男性のみの産婦人科医による治療を苦痛と感じ、同性に同じ思いはさせたくないと医師をめざした。児童詩人の金子みすゞ(一九〇三―三〇)は、放蕩者で家庭内暴力をふるう夫から淋病をうつされ、離婚。娘を手元で育てたいと願うも、夫が親権を強く主張したため、夫(民法)への抗議を込めて服毒自殺をした(矢崎節夫『童謡詩人金子みすゞの生涯』JULA出版局、一九九三年)。

敗戦後の一九四七年一二月、日本国憲法の第一三条・一四条・二四条の男女平等原則に反するとして、民法が全面的に改正されるまで、女性たちはこのようなジェンダー差別の状況を生きねばならなかった。民法改正によって、「家」、戸主、家督相続は廃止され、成人の結婚は両性の合意のみで成立し、「妻の無能力」規定も廃止され、離婚理由も平等になった。ただし、姓は夫婦のどちらのものでもよくなったものの、同姓でなければならず、現在九七%の夫婦が夫の姓を選択しているということは、未だに私たちが明治民法の呪縛から解き放たれていないことを示しているといえよう。

## 二 教育とジェンダー――「良妻賢母」の成立と呪縛

### 1 「母」としての主体化

先に触れたように、政府の「明治一五〇年」事業では、「明治以降の歩みを次世代に遺す」の中に、「女性を含めた教育の充実」をうたい、「明治の精神」として「機会の平等」を挙げている。確かに、一八七二年の学制では全国統一的な学校制度が打ち出され、女子は男子と同じ学校で、同じ教科書で、同等の学習機会を与えられる「開明」的な理念が示された(一八七九年の教育令以降、男女別学へ転換する)。しかし、「女子にも教育が必要」とされた理由は、中村正直の「善良ナル母ヲ造ル説」(『明六雑誌』一八七五年)に代表されるように、女子を将来母となる存在とし、賢母たらしめることが国家の盛衰に関わる要因だと考えられたからである。「学制」の構想にも「今日の女子後日の人の母なり　女子学ばざるべからず」(「学制施行に関する当面の計画」一八七二年六月二〇日、三井為友編集・解説『日本婦人問題資料集成4　教育』ドメス出版、一九七七年)と記されているように、明治の女子教育振興は、欧米並みの「文明国家」にふさわしい賢母養成という文脈で理解されるべきである。この点、母は「愚かなる」ものとされ、また「腹は借り物」であって子の教育は父が行うという江戸期のジェンダー役割とは大きく転換したことも事実である。この変化の歴史的意味を、小山静子は、「女が近代国家を構成する国民の一員として統合されていくとき、男と違い、まず将来の国民を育てる母として統合の網の目にからめとられていく」とし、「またそのことを通じて女は自らの地位を向上させることができたともいえる」と指摘している(小山静子『良妻賢母という規範』勁草書房、一九九一年、四〇頁)。

翻訳された教科書による、日常生活の必要とかけ離れた教育内容と、授業料の負担が要因となり、女子の就学率は低く、一八九〇年ころまで男子の半分の三〇%前後であった。日露戦争(一九〇四—〇五年)のころには、男女とも就学率は九〇%を越えたが、家の労働力として「小さな労働者」であった女児は、就学を維持することが困難で、卒業率は低く、東京田無町(現・西東京市)の例によれば、日露戦争後に男子の初等教育はほぼ定着するのに対し、女子の卒業率が八、九割に達するのは一九一八年の入学者からであった(大門正克『民衆の教育経験――農村と都市の子ども』青木書店、二〇〇〇年)。「機会の平等」だけではなく、「結果の平等」にも目配りをしなければ、その背景にあるジェンダー・バイアスを見逃してしまう。

## 2 「良妻賢母」という規範のはじまり

日清戦争後、高まった国家意識を背景に女子教育論において、「男は仕事、女は家庭」という近代的ジェンダー役割にのっとり、知識に基づく内助――家庭の管理能力――が「良妻」として浮上した。江戸期や明治初期には見られなかった「良妻賢母」という新たなジェンダー規範の登場である。このような流れに沿って、一八九九年に高等女学校令が出されるのである。高等教育政策は、「国家ノ枢要」に資するエリート男性の養成を目指す「立身出世」主義が主眼であったため、男子中等教育に遅れること一〇年であった。

ここで、女子の中等以上の教育機関は高等女学校と位置付けられ、一般普通教育の最終段階とされたのに対し、男子のそれは中学校と位置付けられ、上級学校(大学)進学の一段階とされた。しかし、女子にはそのような道は許されなかったのである。木村涼子は、近代的なジェンダー秩序形成のために、学校教育が用いた技法には、「排除」「分離」「差異化」の三つがあったとする。「排除」とは高等学校・大学への女子の入学拒否、「分離」とは男女別学、男女別の学校体系による男女の分離、「差異化」とは性別で異なるカリキュラムによって、それぞれにふさわしい知識・技能・価値観を教化していくことである（木村「日本の学校教育とジェンダー・ポリティックス」M・W・アップル、長尾彰夫他編著『批判的教育学と公教育の再生』明石書店、二〇〇九年）。一九〇二年、全国高等女学校校長会において菊池大麓文相が述べた訓示は、文部大臣が女子教育は良妻賢母の養成を目的とすることをはじめて明言したものである。

日本では此の婦女子と云うものは将来結婚して妻になり母になるものであると云うことは女子の当然の成行きである（中略）我邦に於いては女子の職と云うものは独立して事を執るのではない、結婚して良妻賢母となると云うことが将来大多数の仕事であるから女子教育と云うものは此の任に適せしむると云うことを以て目的とせねばならぬのである（『日本婦人問題資料集成4 教育』）。

## 3 賃労働者の夫と対になる存在としての「主婦」の誕生

この時期、産業化が進展するなかで、職住が分離し、都市部のホワイトカラー層の妻から、専ら家事労働や子育て・子どもの教育に専念できる「専業主婦」たちが誕生する。「主婦」の誕生とともに、女性と母の役割を結びつける理論的装置として一九一〇年代後半に「母性」という訳語が登場した。母性という言葉は、エレン・ケイの moderskap, motherhood に由来し、平塚らいてうと与謝野晶子の母性保護論争（一九一八―一九年）で初めて日本に紹介された。「男は仕事、女は家庭」という性役割を基とする近代家族が成立・浸透していくなかで、母親の、子どもに愛情を注ぎ、自己犠牲を厭わず子育てにあたる様は、「母心」「母性愛」といった言葉で表現されるようになった。あたかもそれが女性に先天的に備わったものであるという認識を示す「母性本能」という言葉も生まれた。都市部の新中間層の主婦は、いまだ第一次産業が多くを占める日本社会全体から見れば少数ではあった(一九二〇年において、五―八%)が、ロマンティックラブで結ばれ、「対等な」夫婦関係のもとで、「愛の結晶」である子どもの教育に専念できる女性の出現は、「家」制度の下で、一生労働者として生きなければならない農山村の女性たちにとって憧れのモデルともなった(石崎昇子「近代都市家庭の形成と結婚観の変化」服藤早苗監修『歴史のなかの家族と結婚』森話社、二〇一一年)。

女性が、主婦として生きることの意義や魅力を受け入れ納得するのに大きな役割を果たしたのが活字メディアである。木村涼子は日本を代表する大衆婦人雑誌、『主婦之友』『婦人倶楽部』などの一九一〇年代から三〇年代を詳細に分析。婦人雑誌は、家族の安息の場としての「ホーム」像、家族の団欒を司る女神としての主婦像、良人に愛される妻像を読者の前に描き出し、女性たちに主婦としてのアイデンティティを内面化させる一翼を担ったことを明らかにしている(木村『〈主婦〉の誕生』吉川弘文館、二〇一〇年)。良妻賢母という近代が創った新たなジェンダー規範は、女性の側をも惹きつける要素を持っていた。

### 4　新「良妻賢母」とフェミニズム

第一次世界大戦後、欧米の総力戦における女性の活躍を目の当たりにした政府が女性の潜在能力を重視し始め、女子教育は新たな良妻賢母教育へと転換された。つまり、女性は単に家庭内役割だけではなく、職業に就き、「女性の特性」の発揮を通じ国家・社会へ貢献する存在として認識され、高等教育の実施による知的能力の向上、体力・気力を付けるための体育の振興、「科学的」「合理的」な家事教育の導入がはかられるようになった。同時に、「大正デモクラシー」の下で盛んになった女性の社会参加要求や能力を一方的に抑え込むのではなく、それを国家・社会へうまく吸収し、活用しようとする動きが始まった。小山静子は、第一次大戦後、国家の側から、初めて女性の現状が改善すべき対象として認識され、「それは女たちの欲求や願望、あるいはエネルギーを一部魅きつけてゆく力を持っていた」(小山『良妻賢母という規範』二三九頁)と指摘する。

先に触れた母性保護論争において、平塚らいてうは、「婦人は母たることによつて個人的存在の域を脱して社会的な、国家的な存在者となるのであります」(平塚「母性保護の主張は依頼主義か」『婦人公論』一九一八年五月号)と主張し、妊娠・出産及び育児期の母親に対する国家の保護の必要性を訴えた。婦選運動も第五回大会から、「母子扶助法」制定運動を掲げ、それはやがて日中戦争突入の年に政府提出の「母子保護法」として結実する(一九三七年三月公布)。女性運動側は、「将来を担う第二の国民の育成のために」という論法で国家による母子保護の必要性を訴えた。[4] 婦選獲得の曙光がまったく見えない一方で、母子保護の方は実現することに、市川房枝(一八九三―一九八一)は複雑な思いを抱きつつ、これを「私どもの運動の結実」としている(『市川房枝自伝 戦前編』四二一頁)。

この、ジェンダーをめぐる国策とフェミニズムの危うい関係は、アジア・太平洋戦争期に顕在化する。

## 三　戦時に「輝く」女性たち

安倍内閣は、二〇一五年に新・三本の矢政策の一つとして「一億総活躍社会づくり」を打ち出し、その実現のために「すべての女性が輝く社会」が必要であるとして、首相官邸に「輝く女性応援会議」を設置している。「人口の半分の女性たちの能力が、それぞれが望む形で社会で発揮されるようになれば、そうなれば、日本はもっともっと強く豊かになれるはず[5]」。もっと「強く」とは、経済成長だけではなく「安全保障」面での強さ——「戦争のできる国」づくり——と、そこへ向けて／そこで、女性が「輝く」ということが含意されているように思える。

### 1　月刊リーフレット『輝ク』

ここで想起されるのは、劇作家・長谷川時雨(一八七九—一九四一)が一九三三年に創刊したその名も『輝ク』という月刊リーフレットである。「全女性進出の代表的機関」という位置付けを自らに課し、執筆者には与謝野晶子、平塚らいてう、山川菊栄、高群逸枝といった日本のフェミニストを集め、女性知識人の拠点として、四一年まで刊行を続けた。日中全面戦争が始まった一九三七年の一〇月号(「皇軍慰問号」)の巻頭は、「わが将士を想ふ言葉」と題して岡本かの子が、「日本女性等こそ、君達の男々しき光に対照して、優しく凛々しき光となり銃後の国に充ち満つるを知り給へ」と書いている。光のような皇軍男性を、銃後の女性たちが励まし支え、ともに輝くというメッセージである。三九年には「輝ク部隊」を結成、前線兵士への慰問文集を陸海軍へ献納した。四〇年からは大田洋子、円地文子、長谷川時雨らが皇軍慰問に中国戦線を廻っている。軍の協力の下での訪問では、日本軍が戦場で行っている現実は見えなかったことだろう。『輝ク』の八年間の軌跡を追った加納実紀代は、国策とフェミニズムの関係を次のように書いている。

「銃後史」研究で見えてきたものは、「女たちの平等への願いが国策に回収され、侵略戦争に加担させられていく過程だった。もしも戦時下、女たちが手をつないで戦争協力を拒否していたら……？　戦争はもっと早く終わっていたのではないか？　そうすれば沖縄戦も原爆も、なかったのではないか？」（加納「「輝く女性」今昔ものがたり——岐路に立つ日本のフェミニズム」『インパクション』一九七号、二〇一四年、八一頁）。

## 2　「躊躇は御無用」——未婚女子の動員

一九四二年大日本婦人会が発足、「高度国防国家体制に即応」する「婦人の国民組織」として全国二〇〇〇万人の会員へ号令をかける理事となった山高（金子）しげり（一八九九—一九七七）は、政府が「家族制度」保持を理由に女性の徴用をためらっていることに対し、第四回中央協力会議（一九四三年七月）で、「むしろ女子を徴用せよ」という議案を提出した。帝国議会で東条英機首相が「家庭の婦人は子供や夫を活動させる為に朝三時半、四時半から起きて活動してゐる。これは日本の家族制度の最も美しい所であり、婦人が国家の生産増強の上に大なる貢献をなしてゐる事は見逃してはならない。故に斯ういふものを無理解に国家統制力を以て勤労部門に駆立てる事は家族制度の破壊であ」ると述べ、女子徴用に反対であったことや、小泉親彦厚生大臣も直前の第八一帝国議会で「日本女子の特性」「日本の家族制度」を理由に女性の徴用に消極的発言をしていることを受けての議案であった。戦時、政府のジェンダー政策は、「日本の醇風美俗」（「良妻賢母」的規範）を温存したまま、どのように女性の銃後協力を引き出すかというジレンマに揺れ続ける。

山高の提起の二カ月後、政府は戦況悪化に押し切られる形で、「女子勤労動員ノ促進ニ関スル件」を次官会議で決定し、女子勤労挺身隊の組織化を呼び掛けた。これは男子就業禁止職種の決定、理工科以外の大学生の徴兵猶予停止とあわせて、根こそぎ動員の三点セットといえる。翌一九四四年夏には女子挺身勤労令が公布され、一二歳から四〇歳までの未婚の女性（「家庭の根軸たる女子」は対象から除外）が一年間生産現場に就くことが義務化された。「次代を担う母体の保護」、「女性の特性を考慮」といった観点からの「保護」も整わないなか、就業時間・深夜業・休日・休憩等に関する工場法の保護規定が外されたなかで、若い女性たちは緊張と過酷な労働を強いられた。山高は、「躊躇は御無用、未婚女子は待つてゐる、徴用制のいゝ処」と発言し女子徴用に大きな弾みをつけたが、女子挺身隊経験者の多くに戦時無月経という現象が見られたり、軍需工場の爆撃によってPTSDを抱える者もあった。もちろん空襲による戦死者も出た。若い女性たちは心身ともに疲弊を強いられたのである。

ただし、既婚女子（「家庭の根軸たる女子」）へも労働現場への参加要請は様々な形でなされ、そのために東京市をはじめ全国の都市で託児所・学童保育の設置がなされた。皮肉なことに、戦時下、「子育て支援」策は進んだ。しかし、工場法の保護規定が外されたなかで、既婚女性たちも労働災害と病気で次々と倒れて行ったことを堀サチ子が明らかにしている(堀「十五年戦争における女子労働政策と既婚女子労働者」東京歴史科学研究会婦人運動史部会編『女と戦争』昭和出版、一九九一年)。

## 3 市川房枝にみる参画と「解放」

戦争が熾烈さを増すなか、それまで公的役割から排除されていた指導的女性や女性運動家たちが大政翼賛会や国民精神総動員(精動)中央本部、厚生省労務管理課などの委員として次々に総力戦体制に組み込まれていった。「満洲事変」をきっかけに、それまで戦争に反対してきた婦選獲得同盟や廃娼運動を推し進めてきた日本基督教婦人矯風会などの市民的女性運動も、「時局に協力する」(八団体による日本婦人団体連盟結成、一九三七年九月二八日)方向へ舵を切った。市川房枝は、「この国家としてかつてなき非常時局の突入に対し、婦人がその実力を発揮して実績をあげる事は、これ即ち婦選の目的を達する所以でもあり、法律上に於ける婦選を確保する為の段階ともなるであろう」(『市川房枝自伝 戦前編』四三四頁)と、国策に協力することが婦選への第一歩となるという判断をし、精動運動を女性の立場から支えたのである。また、市川は、郷里で国防婦人会の式典に出くわしたとき、集まった女性たちの様子を「みんな恥ずかしそうだが、うれしそうでもある」と眺め、「かつて自分の時間というものを持ったことのない農村の大衆婦人が、半日家から解放されて講演をきくことだけでも、これは婦人解放である」と記している(『市川房枝自伝 戦前編』四三五頁、傍点筆者)。

市川房枝をはじめ、高良とみ、羽仁節子、奥むめお、山高しげりなどの女性運動家が「戦争協力」に傾斜する過程を辿った鈴木裕子は、国策とフェミニズムの「共犯関係」について痛恨を込めて次のように書く。「女性の場合、「権力」から疎外されていたがゆえに、「権力」への接近はより急であった」、「「権力」への参加を「解放」とみまがうような、体制による操作はふんだんに行われていた」（鈴木『フェミニズムと戦争――婦人運動家の戦争協力』マルジュ社、一九八六年、一九四頁）。「女性は戦争の被害者である」とよく言われ、それはまったき事実である。しかし、「国難」と称された侵略戦争を支えた「共犯者」でもあった。この重たい事実を踏まえ、母たち・祖母たちが「何故にそうでしかあり得なかったのか」（「発刊にあたって」女たちの現在《いま》を問う会『銃後史ノート・創刊号』一九七七年）を自らの問いにしつつ、戦後の日本女性史、ジェンダー史研究は蓄積されてきたのである。

## 四　セクシュアル「マイノリティ」と近代

### 1　新たなスティグマ

政府の「明治一五〇年」事業に全く欠落している視点として、近代が新たに創ったセクシュアル「マイノリティ」への差別にも触れておきたい。近代国民国家が、全ての人々を「男」と「女」に分けて国民化し、その自然化をはかる過程で、「不自然な」存在として新たなスティグマを捺された人々の存在である。「国民皆兵」は、男女のカテゴリーを利用して国民を兵役に適する者とそうでない者に分け、男性に一級市民としての特権を与えた。徴兵制度は国家が決めた身体基準・学力水準で二〇歳以上のすべての男性をランキングするという、新たな「男らしさ」の創出を意味した。

身長が低く胸囲が狭い者や、身体能力の低い者が貶められただけではなく、男女二分法の判定にそぐわない者が「発見」され、「不具者」「異常」としてスティグマ化された(テレサ・A・アルゴソ「男として不適格?——二〇世紀初頭の日本における徴兵制・男性性・半陰陽」サビーネ・フリューシュトゥック他編著『日本人の「男らしさ」——サムライからオタクまで「男性性」の変遷を追う』明石書店、二〇一三年)。

日本の前近代においてセクシュアリティは多様で、同性間性愛が広く存在し、性をめぐる境界はあいまいであったことは近年多くの研究蓄積がある。⑥ また、異性装についても盆祭に「男ハ女装シ、女ハ男装シ、或ハ異形ノ物ヲ冠リ或ハ思ヒ〳〵ノ異風ヲナシ男女混淆団連シテ躍ル」(新潟県「風俗改良についての達」一八七六年)のような慣習はひろく各地でみられた。しかし、一八七二—七三年に制定された違式詿違《いしきかいい》条例によって異性装は禁止された。明治初期の啓蒙思想家にとって、異性愛カップルとその実子から成る家族こそ文明国の証として理想化され、同時期に出された改定律例(第二六六条、一八七三年)では「鶏姦処罰」により同性間性愛が禁じられた。これは明治刑法にこそ明記されなかったが、セクシュアリティ認識の大きな変化を現している。先に見たように、婚姻・相続・親権における男性の特権を明記した明治民法は、同時に強制的異性愛の制度化を意味した。

一方、同性間性愛を宗教犯罪(イギリスでは一八六一年まで死刑)としてきたヨーロッパでは、一九世紀後半の精神科医によって、「変態性欲」という名で病理化され、処罰から「治療」の対象に転換された。この精神病理学に貢献したドイツのリヒャルト・フォン・クラフト゠エビングの説が明治後期から大正期の日本に紹介され、「通俗性欲学者」たちによって「変態性欲」としてスティグマ化されて広がり、「同性愛」という訳語も定着していく。「文明化」によって輸入された学問が、新たな性的抑圧を生み出すことにつながった点を見逃してはならない。(7)

一八九〇年代、それまで「色」「恋」と呼ばれ、「淫ら」とされてきた男女間の交際に「恋愛」という新たな語を充て、精神的価値を与えたのは北村透谷(一八六八—九四)である。恋愛・結婚・婚内性行為が三位一体のロマンティックラブ・イデオロギーとして近代家族規範と親和性を持ち、「新しい女」たちをそこへ駆り立てるなか、異性愛以外の性愛は周辺化されていくこととなる。「古い因習を破る近代的自我」を唱えて、積極的に女性の側から恋愛結婚を「勝ち得て」いったのが与謝野晶子である。男女平等な異性愛に基づく女性解放は、その一方で同性間性愛を「不自然なもの」として抑圧する意味をもってしまう。第一波フェミニズムは、セクシュアル「マイノリティ」の不可視化と表裏一体でもあった。(8)

## 2　女同士の性愛——「家父長制」の外へ

一九一〇年代から三〇年代の新聞をめくっていると女同士の心中の多さに気が付く。女性同士の性愛については、女学生の感傷的友愛から、平塚らいてうと尾竹紅吉(富本一枝)の「異性愛へのリハーサル」と解されるケースや、吉屋信子と門馬《もんま》千代《ちよ》のような終生を共にしたカップルなど様々なヴァリエーションがある。堀場清子は、この多様性を示す女性間性愛には、しかし共通性があると指摘する。それは家父長制下にあって、その家父長体質を骨の髄まで染みつかせていた男性たち抜きで成立する「愛の純粋培養への夢」である、という。堀場は、門馬千代にインタビューした際の、忘れがたい記憶として、次の言葉を引いている。

「もうもう、あの頃の男ときたら、そりゃ威張って、威張って。なんとしても、あの家父長抜きで暮らしたいと思ったのよ！」（堀場『青鞜の時代――平塚らいてうと新しい女たち』岩波新書、一九八八年、一〇八頁）。

女性間性愛は、女たちによる「家父長制への抗い」という要素も持っていたのではないだろうか。(9)

## おわりに――「近代化」、「文明化」の物差し自体を問い直す

一夫一婦制という一九世紀の西洋型婚姻をモデルにした明治民法は、妻が夫の「家」へ従属する家父長制を基盤としつつも、異性愛カップルによる次世代育成という「新しさ」（近代家族）を併せもっていた。「文明」とは、男性成人・健常者・異性愛者をスタンダードとし、一夫一婦原則の下での男女対等とは、新しい国の基礎単位である家庭を担う有能な主婦を理想とするジェンダー役割に根差したものであった。

本稿では、近代が新たに創ったセクシュアル「マイノリティ」への抑圧を見たが、現在もその軛《くびき》から私たちは解き放たれていないことにも触れておかねばならない。月刊誌『新潮45』二〇一八年八月号に、自民党・杉田水脈《みお》衆議院議員（比例中国ブロック）が、「「ＬＧＢＴ」支援の度が過ぎる」と題する一文を寄せたことである。杉田議員の「彼ら彼女らは子供を作らない、つまり「生産性」がないのです。そこに税金を投入することが果たしていいのかどうか」という文面は大きな批判を呼

んだ[10]。人間を「生産性」で評価するおぞましい発想に多くの人々が強い違和感を示した一方、ネット上には賛同する意見も多く見られた。それは国力＝人口との認識の下、「質の良い」人口を増加させようとした戦時下の人口政策と地続きのものである。また、杉田議員は、「なぜ男と女、二つの性だけではいけないのでしょう」とも書いている。それは、国民のすべてを「男」と「女」にカテゴリー化し、異性愛に基づく法律婚と生殖家族に特権を与えてきた近代そのものの発想である。

「明治一五〇年」にあたって、私たちがしなければならないことは、近代化の成功物語としての明治礼賛ではなく、ジェンダー視点で「近代化」、「文明化」といった物差し自体を問い直すこと、近代が隠蔽したものを可視化することではないだろうか。そして、「近代」から外されたジェンダーであったがゆえに、女性たちは権力への参画を魅力的に受け止め、時の権力に「活用」された歴史的経験を、再び「輝く女性」が求められる現在に痛恨の思いを込めて顧みることではないだろうか。

（1） www.kantei.go.jp/jp98_abe/statement/2018/0101nentou.html（二〇一八年一月一一日閲覧）
（2） 「明治一五〇年」首相官邸ポータルサイト http://www.kantei.go.jp/jp/singi/mrjji150/portal/torikumi.html（二〇一七年一二月二七日閲覧）
（3） 現在も教育における「機会の平等」は完全に実現できていない。二〇一八年の入試において東京医科大学医学部医学科は、女子受験者の得点を一律減点し、合格者を抑えていたことが判明した。女子に不利な操作は受験者側に一切の説明がないまま二〇一一年頃から続いていた（https://www.yomiuri.co.jp/natio

nal/20180801-OYT1T50116.html 二〇一八年八月二日閲覧)。大学側は、女性が結婚や出産で離職することが多く、医師不足になる恐れがあるからという理由を挙げたが、それならば男性医師を含めた働き方を改善する必要があるだろう。文科省は、医学部医学科がある全国八一大学の入学者選抜を調査。過去六年間の平均で男子の合格率が女子の約一・二倍だったと発表。毎年、約六―七割の大学で男子の合格率が女子を上回っていた。文科省がこうしたジェンダーに係る調査を実施するのは初めて(文部科学省「医学部医学科の入学者選抜における公正確保等に係る緊急調査の結果速報について」二〇一八年九月四日)。

(4) 母子保護法の制定経過については、早川紀代「戦時期の母性論」東京歴史科学研究会婦人運動史部会編『女と戦争――戦争は女の生活をどう変えたか』(昭和出版、一九九一年)に詳しい。

(5) 「輝く女性応援会議」オフィシャルサイト https://www.kantei.go.jp/headline/kagayaku_women/(二〇一八年八月一七日閲覧)

(6) 諸外国と比べて日本の前近代が男色や同性間性愛に寛容であったと評される論調に対して、江戸時代を専門にする長島淳子は、幕府による無理強いの男色(衆道)を禁じる法令や風俗取締強化の実態を明らかにし、性自認や性的指向に基づく同性間性愛や同性婚が、徹底的に排斥、弾圧された事実を挙げて、疑問を呈している。また、武士間で賛美された男色も、家格や役職、年齢差に基づく主従・上下関係が背後にあることを見逃してはならないとする(長島『江戸の異性装者《クロスドレッサー》たち――セクシュアルマイノリティの理解のために』勉誠出版、二〇一七年)。

(7) ただし、前川直哉は『〈男性同性愛者〉の社会史――アイデンティティの受容/クローゼットへの解放』(作品社、二〇一七年)で、性欲説によって新たに導入された「同性愛」という概念は、同性への欲望が言語化され、表現可能になったという点では新しさをもっていたという。

(8) 近代社会への参画を求めた第一波フェミニズムも、一九六〇年代以降、女として近代システムを問い直した第二波フェミニズムも、ジェンダー二元論・異性愛中心主義を前提としてきたことに見直しを迫ったのは、一九九〇年代のアメリカで誕生したクィア理論である。非異性愛の可視化によって、現代フェミニズムは種々のセクシュアル「マイノリティ」の解放運動との連動を進めている。

(9) 中里見博は、「性的指向」という概念を「嗜好」や「志向」とは異なり、本人が選択不能で生得的自然だと定義し、それを根拠にあらゆる人にあまねく与えられる「人権」概念を当てはめて進められてきたゲイ・スタディーズに対して、異性愛中心社会のなかで、それでも同性に惹かれる人たちが(選択的に)同性愛者として生きることは、ひとつの実践 practice であり、立場 position であるととらえられるという(中里見「「同性愛」と憲法」三成美保編著『同性愛をめぐる歴史と法――尊厳としてのセクシュアリティ』明石書店、二〇一五年、九九頁)。この中里見の論にのっとれば、堀場が聞き取った門馬千代の証言は、家父長制社会のなかで、女性間性愛を選び取り、実践した例として再評価できるのではないだろうか。

(10) 杉田水脈議員に対して当事者団体であるＬＧＢＴ法連合会による抗議の内容と国会前での抗議集会は以下(https://www.huffingtonpost.jp/2018/07/27/lgbt-sugita-demo_a23490916/ 二〇一八年七月三〇日閲覧)。その後、『新潮45』は一〇月号で杉田水脈擁護の特集「そんなにおかしいか「杉田水脈」論文」を組み、さらなる批判の高まりのなかで休刊(事実上の廃刊)を決めた。

# 第III部

# 「明治」をめぐる現在

# 8 創られる伝統
## ――可視化される「明治」

長 志珠絵

### 一 伝統の創造と近代の交差

#### 1 『創られた伝統』

政府用語としての「明治百年祭」は、〈国のはじまり〉としての「明治」近代の礼賛に加え、地域をまきこんでの新たなメディア・イベントのあり方をも模索したものであった(内閣『明治百年記念関係行事等概況』一九六八年)。これらはすでに忘れられた国家祭典だが、であるがゆえに、「明治一五〇年」をめぐる二〇一八年一月の首相発言のごとく、「平等」を実現した明治像や時系列を度外視した幕末政治像の披露など、自在で乱雑な「過去」の引用は、地域振興を含めた消費の対象として予定調和的な「伝統」言説とともに社会に横行する。本稿では過去の語られ方としての「伝統」に加え、例えば「戊辰戦争一五〇年」ではなく、「明治維新」を物語の出発点におくという言説に目を凝らすという作業を進めたい。

この点で歴史研究にとってE・ホブズボウムらの議論はいまなお参照可能だ。「創られた伝統」

という学術タームは日本でも一九九二年に翻訳され、一九九〇年代末以降での言語論的転回や国民国家論批判、特に構築主義の導入を背景に、古めかしさを纏《まと》う様々な諸事象がほぼ例外なく可変的であること、とくに権威をおびた「伝統」言説の創出をめぐる論証が進み、議論の厚みがました。同書の韓国語版(一九九六年)の直訳タイトルが『伝統の捏造と創造』であったことなど、植民地支配と宗主国側の「伝統」の創出との関係性も注目される。

もっともホブズボウムらの言う「伝統の創出」は「伝統に訴える論証」(Appeal to tradition)への批判一般ではない。序論では「過去を参照することによって特徴づけられる形式化と儀礼化の過程」と枠付けされ、「儀礼や象徴の複合体の実際の創造の過程」を問う作業の必要性が提起される。特にホブズボウムの個別論文は大衆社会との関係性を主題とする。「昔の古いやり方が生きているところでは、伝統は復活したり、創り出されたりする必要はない」(「序論」)のであって伝統と近代は二項対立的な関係にはない。そうした「伝統」を可視化する装置とその機能への着目は、過去を展示すること、「歴史」展示が備える政治性にも議論の射程を広げるものだろう。

本稿はこうした枠組みを手がかりに「伝統の創造」として研究蓄積を持つ「天皇像」について、明治天皇の死後に展開した「明治を歴史化する」プロジェクトに着目する。「明治天皇像」は帝国支配も含めた近代化過程に沿って、発明と忘却の二方向のベクトルが行き来する事例である。文化装置が社会と関係を取り結んで権威化されるプロセスには、様々な出来事の多様で互いに矛盾するリアリティの整序や、忘れ去られる操作を伴うだろう。

## 2 「近代」を身に纏う

近代化への邁進を課題とする明治国家は、一九世紀末の天皇像に脱「旧弊」とともに、モダニティを纏う身体性を求めた。構築主義的な視点を持つ儀礼研究やジェンダー研究は同時代のヨーロッパ近代の文法に沿って、軍服とドレスという非対称的な衣服によった君主像や君主夫婦像のもつ政治性を統治技法の学習過程として明らかにした。さらに一九―二〇世紀を扱うイギリス史家たちは、君主像が近代家族としての要素を必要とする点に着目する。例えばトムプスンは共和政治との関係で、ホブズボウムは第一世界大戦後のナショナリズムを扱う文脈でそれぞれ、イギリス王室が、国民的一体性の意識に関わる要素を「公的」かつ「家庭的な偶像」に進化させることで強めたとみる。明治の視覚表象研究も大衆性を持つ錦絵における「天皇像」画題の人気に注目する（増野恵子他編『天皇の美術史6 近代皇室イメージの創出』吉川弘文館、二〇一七年）。一九〇一年の男子皇孫（後の昭和天皇）の誕生は、錦絵の「天皇一家像」に皇太子の異母妹の四皇女も含めた男系三世代のファミリー像を可能にした。皇室の結婚や子どもの誕生は構図に変化をもたらし、消費材として魅力だろう。

もっとも明治天皇世代は、文明国規範が求めるファミリー像から遠い。一八八〇年代後半、皇室典範制定のためヨーロッパの宮廷調査に派遣された藤波言忠は、「一夫一婦」を理想とする欧州の王室を例に、日本の慣習的な側室制度は対外的に問題視される可能性がある、とし「侍嬪」（側室）の存在やその皇子皇女を隠すよう提言する。一九世紀末は華族層で娶妾習俗改革が進行した時期でもあった（森岡清美『華族社会の「家」戦略』吉川弘文館、二〇〇二年）。モデルとなるべき家族像の意図的な表象は、日付を持つ「新聞付録」には明らかだ。皇太子の結婚時（一九〇〇年五月一〇日）の一家像は視線の中心に皇太子の異母妹たちをおくが、男子皇孫の誕生（一九〇一年四月二九日）以降、「一夫一婦」と「嫡子」による男系家族表象に限定される（長志珠絵「天皇〈家族〉の表象と新聞付録」桂島宣弘他編『「日本型社会」論の射程――「帝国化」する世界の中で』文理閣、二〇〇五年）。結局、四皇女以外にも、明治天皇の生母像や皇太子の生母像は消えていく。あるいはざんばら髪の神武天皇表象は「考証」を経た、みずらに髪を結った「文明化」された像に変化する。「明治」を「近代」の出発の「歴史」とするためには、同時代の複数性を整序する力学なしには成り立たない。

## 3　「外苑」事業と絵画館壁画

明治天皇の一代記を「明治」表象に重ねる試みは、すでに明治天皇崩御（一九一二年七月）をめぐる二八カ国の海外報道を邦訳出版した『世界に於ける明治天皇』（望月小太郎編、英文通信社、上下、一九一三年）に見出せる。同書が選んだ記事は明治天皇と「明治」を重ね、ヨーロッパ近代の良き追随者であることの称賛と家族関係も含めた諸々の異文化性を対比させる。定型化されたオリエンタリズムの語りだ。が、幕末維新期「日本史」の当事者は、「日本」だけではなかった。「列強」側の歴史とその解釈がある。このため訳者は、それぞれの幕末政治史の評価について逐一、「訳者曰く此記事錯誤あり」（上巻一〇頁）、「訳者曰く此の事実誤れり」（上巻二二頁）等、紹介した邦訳記事に参入している。海外記事の参照による明治の顕彰は「世界史」の一部としての「明治近代の始まり」がコントロール不可能であることを示す。もっとも日本語圏では明治天皇紀の編纂や維新史資料編纂など「明治」を歴史化する国家プロジェクトが本格化する。後者と連関する明治神宮聖徳記念絵画館構想は、明治天皇の治績の壁画展示によって「明治」を歴史展示として可視化する新たな試みであった。

明治神宮建設構想は、新たな近代神社であり、公共空間とイベント性を備えた「外苑」事業が注目される(山口輝臣『明治神宮の出現』吉川弘文館、二〇〇五年)。動きは明治天皇の死の翌日に始まった。東京商業会議所の渋沢栄一や金子堅太郎、東京市長・阪谷芳郎は「明治神宮奉賛会」という外部団体を組織し「献金」を募った。『明治神宮外苑奉献概要報告』(明治神宮奉賛会編、一九二六年)は様々な「奉献」の記録だが、「各新領土支部」による「海外地方々物献納ノ件」として台湾、関東州、樺太、朝鮮に加え沖縄も「海外地方」に組み入れての「奉賛」が記録される。「美談」にはよくある学齢児童の献金に加え、植民地女性の貢献に紙幅を当てる。一九二六年に竣工した絵画館は、中央広間の壁床材に大理石を用い、これらは朝鮮を含む帝国の各県産によるという。壁画の画題にもこれら「海外地方」エリアが組み込まれ、それぞれ総督府や都督府、首里市による壁画奉納がなされた。「外苑」事業は「国民」の外部に置かれた女・子どもの、特に植民地の人々の「奉仕」を含めた「明治」像を可視化した、明治という帝国のプロジェクトでもあった。

「明治」を描く聖徳記念絵画館(明治絵画館)は、外苑事業として大正から昭和に進められた。七六名の画家による八〇点の絵画(「壁画」)からなり、趣旨には明治天皇の治績の展示を通じ、「明治」の偉業を顕彰する、とある(『明治神宮外苑志』明治神宮奉賛会、一九三七年)。一九一六年に構想が企画され、一九二二年、画題八〇題が公表されるも全揮毫者の内定は、関東大震災をはさんだ一九二五年、さらにすべての壁画が奉掲された記念式典は一九三六年と構想から二〇年に及ぶ。建築史では絵画館建築が注目されてきたが、美術史領域で絵画が研究対象となるのは一九九〇年代以降である(1)。近年では画家の作画過程をめぐり、画面の材質や写真の多用、現場の再現性の確保など、雑誌『神園』等での美術研究による精緻化も進む。

しかし壁画事業をめぐっては、「明治」を「歴史」にすること、「明治」を描き「歴史展示」の対象とすることへの文化研究としての問いが可能だろう。加えて事業の長期化からは社会に向けた要請とのズレもうかがえる。明治天皇の治績を出発点に、明治を可視化する壁画事業とは、明治像の構築のなかでどのような位置をしめ、あるいは歴史の記憶とする試みの定着に寄与するのだろうか。

## 二　「明治」を歴史にする方法——明治神宮聖徳記念絵画館壁画事業

### 1　「明治」を可視化する——画題と考証

絵画館の壁画完成にいたる経緯について、画題選定に至る一九二二年までの過程と、画家が「歴史画」に着手する一九二五年以降の二段階を設定したい。

まず第一段階の特徴として注目したいのは、奉賛会が事業の中心を維新史編纂事業と明治天皇紀編纂という同時代の「国史」編纂プロジェクトに委ねたことだ。ここでは事業の中心的な役割を果たした人物としての奉賛会常務理事・水上浩躬を軸にその動きをみておく(2)。

水上は熊本県出身、貴族院書記官や大蔵省参事官の経験を持つ。同じく大蔵省官僚であった阪谷東京市長の推薦もあって神戸市長に就任、「築港市長」と称された。資金調達や事業遂行能力を持つ政治家で、奉賛会理事就任も阪谷の引きによるという。水上は専門性を有する画題選定を、「明治天皇紀ノ資料蒐集ヲ担任」するうえ、「先帝御一世ヲ通シタル生字引」とみた臨時帝室編修局の藤波言忠に委ねた。前章にも登場した公家出身の藤波は明治天皇と同世代で侍講もつとめた。

水上や阪谷によれば、聖徳記念絵画館の画題選定が動きだすのは一九一六年の新年早々である。まず画題選定の構想は維新史料編纂会と臨時帝室編修局に、主に阪谷・水上から金子堅太郎を通じて打診された。編纂会は修史機構として文部省内に(一九一一年五月)、編修局は宮内省に臨時編修局として置かれ(一九一四年一二月)、明治天皇紀編修事業を開始した(一九一六年一一月改称)。金子は奉賛会理事に加え、前者の副総裁、後者の総裁の職にあった。画題構想の準備としてはまず金子が編纂会の「明治天皇紀ノ概要」五五事項を示し、次いで藤波が「中山邸宅御産所ノ図」から「御不豫ノ図」に至る五四場となる案を提出、編纂会はさらに「御誕生」から「伏見桃山御陵」に至る六四題七九場案を示した(一九一七年六月二五日)。初期の段階から画題の範囲は弘化年間の「明治天皇」の誕生から始めることとされ、幕末の政治空間を含み込んだ。

この間奉賛会は、絵画館委員会を組織し、両会委員も含め九名を委員とした。維新史料編纂会からは三上参次、萩野由之ら官学アカデミズムの代表的な「国史」学者に加え、小牧昌業や中原邦平ら旧大名家の歴史編纂者を委員に、臨時帝室編修局からは藤波の他、池邊義象が任じられた。彼らは有職故実も含めた「歴史」の文献考証の第一人者であった。その一方、美術界からは東京美術学校校長として行政手腕を持つ正木直彦や奉賛会常議員の徳川頼倫が入るに止まり、洋画家の黒田清輝や日本画家の川合玉堂等、描き手の意向を反映させての編成はとらなかった。描くべき素材としての「歴史」とその抽出は、同時代の維新史資料編纂事業も含め、大正末から昭和期の『明治天皇紀』に結実する歴史編纂事業の歴史観を共有した、とみるべきだろう。奉賛会は美術関係者の知見ではなく、歴史の「考証」による画題選定を進めたのである。

この二機関による原案をもとに奉賛会は、一九一七年二月の理事会で絵画委員会を設置して、第一成案の八五題を提案、さらに絵画委員会体制で一一回の議論を重ねた。新たな論点は、祭神に加えられた「皇后宮御事蹟」や「勧業事項の増補」のほか、天皇像については、側面描写も併用するとした。特段の議論は「内乱問題」、つまり幕末維新期の内戦の扱い方であったが「鳥羽伏見の戦い」と「西南の役」は「国運発展に大関係あるものとして之を採用し但し残酷なる画面を避くるに一致」した。「会津」戦争案は消えた。外交・軍事への画題の偏りや、植民地も含めた地域的なバランスが課題として浮上したという。皇后が位置をしめる画題の作り方は、先にみた君主の夫婦像が求められる時代に適合的といえる。加えて「内乱」の意味づけや取捨選択による「歴史」は「明治」という「歴史」の新たな構築に寄与するものだろう。

次いで画題案と考証用の説明文を準備した第一二回委員会(一九一八年九月)以降、新たに小委員会が作られ、具体的な作業が進む。小委員会は主席・藤波の下、維新史料編纂局長で文部官僚の黒澤次久ほか、池邊・水上と帝室編修官補の上野竹次郎及び正木から推薦のあった洋画家・二世五姓田芳柳が加わった。水上らは「下絵」調整のため「現場視察」を重ね、作画は五姓田に任された。一九二一年八月には第二成案八〇題及び五姓田の手による作画のための『壁画画題考証図』八〇題が、奉賛会の「序文」及び「画題選定ノ方針」とともに印刷・配布された。史実考証に正確を期した文字史料情報としての「壁画画題資料」も加わり、最終的に和洋四〇題ずつの原案が一九二二年公表された。

## 2 「考証」と『壁画画題考証図』のあいだ

明治の史料編纂事業に依拠した成案八〇題への過程は歴史「考証」作業として特徴的だ。第一に、国文学者の池邊は「題下に包含する史実、画面に現れる人物の年齢服装等」の付記を求めた。さらに小委員会は将来の展示説明(「詞書」)用の「略解」と画工の参考を目的とした「詳解」に分け、その「史実」の確認作業を進めた。「詳解」は文章だが、「場面人物ノ年齢服装」のほか、「平面図も添付」とある。考証課題は増える一方で「討議ニ伴ヒテ徴収スル資料ノ集積」を招き、上野が編纂にあたったという(『概要報告』一九二六年)。上野は史学史的には、臨時帝室編修局編修官として知られるが、第二段階での画家の作画の経緯や事情を奉賛会側が聞き書きした『壁画謹製記録』(明治神宮奉賛会、稿本、一九三七年)には、画家たちからの「考証」の求めが上野に集中する様がよくわかる。

第二にどのように描くか、重要な画題ではあっても作画の適合性をめぐっては議論があった。この点で水上は「唯口頭で画題の選定をすれば随分了解し兼ねる」ため先の『壁画画題考証図』にいたる下絵作成を進めたと新聞記事にいう[3]。考証図準備のため、藤波を先達に五姓田・上野を加えた水上一行は、京都をはじめ、熱田―半田―畝傍―大阪―広島―馬関と続き、あるいは水上は五姓田と二人で富岡・秋田院内・盛岡・白老・札幌をまわって巡見を続け、「此東西行脚中画伯の手帖は幾多の題材を以て充」ち、「下絵の大部分は一旦調整」された。一九二一年一月以降にも「九州から北海道」を遍歴し、関係地の踏査を進めた。

ところで歴史画は近代国民国家にとって、起源を担保し、戦争画とも関わって権力と権威の正当性を可視化する装置である。奉賛会は「先帝御一代の出来事を画面に現はす程適切且つ総括的なるは他に之あらざるべし」(『概要報告』一九二六年)と絵画館構想の意図を掲げ、画題をめぐっては「是を以て観者並に感奮興起せざるはあらず、国民の愛国的精神を培ひ、偉人的思考を養ふ」など明治天皇の事績を「歴史画」として展示する効果については自覚的であった。しかしこれらは「歴史」の活用への期待であって、事業としては結果に至るための回路を要する。

画家たちの専門性に優る成果を水上たちは準備できたのだろうか。この点で画題選定をめぐる水上ら小委員会主導による作業は、幕末維新期の禁裏空間の調査や「考証」、復元の点では大いに成果をあげていたのではないか。『概要報告』は画題選定をめぐる議論の過程で「特に京都御所の内容は一般画家の想像を容さざる」として、委員の藤波が五姓田と上野を伴い「御所二条離宮等を拝観」する機会を得た、と記す。水上によれば最初の現場視察は一九一八年五月、一行は、「藤波の斡旋の賜物」によって京都を巡見し、御所、二条城の内部までも描写撮影を許可された。また小委員会以前は、維新史編纂会で会議を開いたが、そもそも維新史料編纂は「明治維新の発端より完結までの史料」の編纂であり、対象期間は「弘化四年乃至明治四年」に終る。このため壁画事業は「勢明治天皇紀編修の資料に依頼」し、会議場所も「帝室の史料を借覧する便宜上臨時帝室編修局内で開催」へと変わっていった。水上にとって、一九一八年での「京都御所ヲ拝観スルノ機会」は事件でもあり、『京都皇居ノ沿革 東京皇居ノ由来』(明治神宮奉賛会、一九二一年)を出版したのは、「一境内ニ在リナカラ建築様式ノ相違甚シキニ疑惑ヲ生ジ其由来ヲ知」る必要を痛感したことが動機という。

他方、藤波は一九二四年四月、『京都御所取調書』(宮内庁書陵部所蔵)を作成している。同書を翻刻し、詳細な解説を付した高木博志は、藤波が上野を伴って臨時帝室編修局の業務として京都視察を重ねた結果であり、他に類書を見ない一級資料が作られたとみる(高木博志『京都御所取調書』解題(平成一六年文部省科研費報告書))。同書には京都御所内の紫宸殿や小御所の部屋割り等、空間の間取りが具体的に図示されるほか、元女嬬《めのわらわ》(下級の女官)の女性への皇后の「御服」や「御膳」についての聞き取りも記される。文献収集と巡見、生存関係者への聞き取りや場面のモノの再現性を高める等、記録を博捜して叙述に及ぶ方法は、壁画事業に共有される。上野はここでも藤波の調査の同道者だった。藤波が進めた有職故実空間の「考証」は同書の存在も含め、小委員会にとって重要だろう。

このように人的・時期的に交差する事業において、歴史叙述の方針をめぐる相互作用を想定したい。高木によれば臨時帝室編修局は、当初の「明治天皇の聖徳事績を主として編録」する(一九一八年八月)という考え方から、「明治天皇紀編修綱領」(一九二〇年五月)では「天皇ノ治世中ニ起リタル大小ノ事変国勢ノ隆替ヲ録スル国史タラサルヘカラサル」「御伝記デアルト同時ニ国史」へと編集の方針を転換した。「考証」の対象として家文書を集積して歴史事象を編み上げる叙述はかつての紀伝体の延長にはない。「御伝記であると同時に国史」という捉え方こそは、明治神宮聖徳記念絵画館の壁画展示に通底する構想でもあった。

作業としての文献「考証」の充実の一方、「歴史画」をどう実現するのか、この点での動きはみえづらい。イタリアで壁画も研究し、「思想ある歴史画、即壁画」「感化を与へる壁画」[4]とみる洋画家・寺崎武男のヨーロッパ壁画「調査報告」が早くも一九一六年に奉賛会にもたらされる(『奉賛会通信』)。イタリアで嘱託任務を負った寺崎は、絵画館の採光問題や「壁画保存」問題を提起、一九二九年には壁画保存委員会も組織されるものの、「考証」と「歴史画」をどうつなげるのかについては次の作画段階に持ち越された、とみていいだろう。

## 3　奉納壁画のゆくえ

第二段階の特徴は奉納者と揮毫者決定をはじめ、作画に向けた取り組みにあった。この間、川合玉堂等日本画家が絵画館を美術館に改めよと建議する「壁画問題」がおこり、調整の結果、和洋画家を交えた専門委員会(壁画調整委員会)設置も合意された。壁画調整委員会では、旧大名家や市行政・植民地行政による奉納者確定や奉納者の推薦も含めた揮毫者の審査等、奉納手順が整えられた。一九二三年末までには和洋を同寸法とし、四〇題ずつ和から洋へと展示空間を区分し、混交しない方針も定まった。他方で、水上は委員会から推薦した画家と奉納者との顔合わせ、画家間のモチーフのすり合わせ等の調整、謝金のトラブル、画家の現地見学の段取りや現地協力者の要請、洋画・日本画の原料の選定・海外からの取り寄せなど全般的な調整手配に携わったという。

では奉納された壁画は、第一段階の「考証」の所産である奉賛会―五姓田の『壁画画題考証図』を踏襲したのだろうか。

ところが同書を収録した明治神宮叢書第二〇巻の「解題」は、踏襲例(「近似」)は八〇点のうち一五点、画題変更や場面変更などの例を五一点とした。[5] 実際、画題の原案が公表された際、メディアは奉賛会側が五姓田を介してモチーフまで提案すること、「下絵の指図にしたがって(「二流画家」が)絵を描く」ことへの美術界による批判を記事にして関心を惹起させた。[6] これに対し水上は、構図も含め委員会の意見とし、あるいは下絵を洋画家に委ねた理由に写実技術を高く評価したとする。壁画事業における歴史「考証」は、画家の主体性に勝る位置づけにおかれていた。

しかしながら、考証図と完成した壁画との比較に加え、『壁画謹製記録』に詳述された個々の画題「推敲」過程からは、①奉納者の意向や画家との関係性によって画題の解釈がずれる、②画家の人物配置や角度、画面の切り取り方等の作画の工夫は画面に物語性を持たせる、等が容易に読みとれる。「考証」と「歴史画」のあいだにはそれぞれの事情を持つ奉納者と画家の関係性や画量、他方で画家の芸術性が入り込み、歴史展示としての統一性を保つことの困難は明らかだ。

たとえば五姓田の『壁画画題考証図』は全体に、人物を見る側の視線の中心におかない。これに対して考証図からの「拡大」と分類された〈六番「王政復古」〉では、画家は岩倉具視の表情にフォーカスさせつつ、御簾の奥の天皇の前での山内豊信(容堂)との丁々発止の緊迫した様を描く。また、〈一六番「農民収穫御覧」〉について、奉賛会の「考証」作業は、農民の生存者まで探し出したが、考証図段階と異なり奉納版は老若男女、農民による金色に輝く稲穂の収穫の様子が画面手前三分の二を占め、後方で名古屋藩主徳川慶勝が稲穂を捧げる。観覧者にとって視線の中央は、御簾のなかの天皇ではなく動きのある慶勝だろう。奉納者は侯爵徳川義親で、画家森村宜稲は尾張の復古大和絵派であった。考証図からの「変更」と分類された〈一四番「大阪行幸諸藩軍艦御覧」〉の場合、考証図は文字通り行在所から「諸藩」軍艦が天保山沖に点在する構図だが、完成画は構図を一変させた。奉納者を侯爵鍋島直映とする奉納画の構図は、画面手前半分を諸藩の軍艦を誘導する佐賀藩の軍艦電流丸の甲板が占め、画面下方中央には海軍総督としての親王と佐賀藩主鍋島直大の姿を配す。

第一段階での趣旨は、「考証」をふまえた統一性を持つ「明治」の画題を選ぶことであった。第二段階でも奉賛会は画家たちの作画過程を組織として確認するための「下絵会」を度々開催した。しかし「奉納」という形式は、奉賛会の「考証」を離れ、奉納者と画家間の磁場に明治の表象を引き寄せ、それぞれが顕彰したい「明治」像をもたらす傾向にあった。

特に「変更」と分類された五一例には〈五八番「日清役平壌戦」〉〈五九番「日清役黄海海戦」〉〈七〇番「日露役奉天戦」〉〈七一番「日露役日本海海戦」〉をはじめ、ほとんどの戦争画が含まれる。奉納者が海軍省や陸軍省である場合に限らず、『壁画謹製記録』の記述からは作画作業が、「外地」の見学も含め、軍の現場の協力なしには成り立たないこと、退役軍人や出世した士官たちからの聞き取りを繰り返すことで、揮毫者たちが奉納者の意向を共有する事情が顕著だ。

そもそも画題としての「明治」を大正末から昭和初期にかけて描く、とはどのような営みなのだろうか。興味深い例を最後に見ておきたい。

## 4 「近代」と「伝統」の空間

大久保利通の次男、牧野伸顕は著名な政治家であり、一九二一年、宮内相に就いた。大久保家の家督を継いだ三男利武は参事会理事のほか、維新編纂委員にも名を連ねた。牧野家文書には維新史料編纂会事務局を差出人に、会用便箋で宮内相・牧野伸顕宛に送られた「明治神宮壁画館ニ関スル利武ノ意見」が残る。表題は「壁画選定ニ関スル妄評」とあり、五姓田の考証図八〇題をふまえた意見書と考える。書簡で利武は、「趣向、絵題、共々拙劣ト思ハシキモノ少ナカラズ」として奉賛会の画題案のうち具体的に一三点の案を列挙して適宜コメントを付し、加えて全体を通じての所見を記す[7]。

例えば、「内国博覧会」へは「趣向ヲ改メラレタシ」のみ、「廃藩置県」は、説明文に向けて「廃藩置県ノ大事業断行ニ薩長両藩ノ主動的画業何等言及無之却テ他ノ四藩拵県立制ノ建議ニ成レルカノ画アルガ如キハ事実明晰ヲ欠クノ嫌ナキカ」と「薩長両藩」の貢献度を軽視したと批判する。前者はのちに大久保侯爵家が奉納し、大久保利通が中心的に描かれる〈三八番「内国勧業博覧会行幸啓」〉の原案であり、後者は自身の立場性による幕末政治史解釈といえる。しかし概ねその意見は、画題や説明文、下絵をめぐり、歴史的場面としての妥当性についての指摘である。特に、内戦や外交をめぐる画題への懸念は強い。「熊本籠城」については「賊軍ノ攻撃ヲ主重ニシテ城中ヨリ賊軍ヲ砲撃スル理ナシ」とし、「日韓合邦」には「外交談判トシテ正ニ日清談判及日露談判ノ選定アリト雖モ此国威宣揚トシテ重出スルハ妨ケ」とする。奉納された〈三七番「西南役熊本籠城」〉は『壁画謹製記録』によれば熊本第六師団長の全面的な協力を得て歩兵八〇〇名を動員し、場面の再現につとめたというが、画面手前、視線の中央は西郷軍が花岡山から砲撃準備を進める場面で、軍装の西郷軍のほか袴姿や脚絆の農民が入り混じって共にもっこを担ぎ、ガトリング砲を引っ張る。観覧者にとって西郷軍は「賊軍」ではなく、共感をよせるべき「敗者」になるのではないか。

同様に内戦の地への慰撫としての東北諸藩への巡幸は、馬の品評会の親覧〈三五番「奥羽巡幸馬匹御覧」〉や院内銀山への行幸〈四三番「山形秋田巡幸鉱山御覧」〉として奉納された。考証図段階と異なり、登場人物が拡大されて物語性を備えるが、明治初期、内戦の地・東北への天皇巡幸という政治イベントを、壁画のモチーフは「勧業」主題にその意味合いを変えて表現した。

ことに利武が批判的意見を向けたなかで、考証図段階と全く一変した奉納壁画の一つは、〈七七番「日韓合邦」〉である。利武の意見書は「朝鮮旧国王ニ合邦ヲ伝ヘラルル場ヲ写シ出す」べきとの変更を提案した。この主題の画家が決定した段階での考証図は、「寺内伯ト李総理ガ調印シテ居ル光景」(『壁画謹製記録』)とあるから八〇題決定時の『壁画画題考証図』と同様だろう。とすると、利武の提案は、「明治聖蹟」という枠組みのなかでの朝鮮国王とその序列の可視化を通じ、宗主国の優位性を露骨に示そうとした強硬案の提言と見ていいだろう。

しかし朝鮮総督府奉納による同画題を揮毫した辻永は、考証図とも利武の提案とも異なり、「南大門ヲ中心トシ日韓両国民ガ今日ヨリ相携ヘテ東洋ノ前途ニ多大ナ希望ヲ抱キ日韓合邦ヲ慶祝シテ居ル光景」こそが「人心ヲ刺激シナイデ永久ニ残ル画」とみた。奉賛会および朝鮮総督府の関係者はこれに「和気藹々タル光景ガ望マシイ」(『同右』)と賛同したという。辻は一九二四年九月の依頼以前、すでに朝鮮総督府から朝鮮美術研究を依嘱され、第四回朝鮮美術展での審査にあたるなど植民地を画題とする洋画家としての実績を持っていた。植民地支配の視覚表象をどう描くのか。政治性を帯びた画題に対して画家は、植民地政府と融和主義的な歴史認識を共有することで自身の「残ル画」を選んでいたことがわかる。

加えて度々引用する『壁画謹製記録』は全体に画家の苦心惨憺の物語をつむぐ。この事業は長期化もあって、水上等、第一段階の実務家が次々と急逝し、「際限のない考証」もあってか、画家の側も作画途中の急逝者が相次ぎ、さらに完成までに年月を要した。当初は批判的だった新聞紙面も奉納の際には「苦節十余年」等と画家の苦労を讃える。製作過程の物語化は観覧者の感情を喚起させるだろう。先の〈七七番「日韓合邦」〉の場合、画家は奉賛会の「考証」ではなく、総督府の協力を得て何度も「京城」を訪問し、例えば総督府の道路拡幅の公文書にあたり、識者の談話を得、揮毫にあたっては画家自身の「精進」をはかり、「朝鮮ガ日本ノ普キ光」によって産業開発を進めたとする宗主国側のナラティブを強調してみせる。

では「明治」を歴史展示として表現するこうした試みは、作品を通じたナショナルな表象を全体として可能にするのだろうか。そもそも「見せ方」をめぐる議論は弱い。貴族院議員・江木千之は貴族院予算分科会で「明治神宮の絵画館に於ける画題については民心の上に悪影響を与えざるようにしたい」と発言した(『大阪朝日新聞』一九二三年三月九日)。ある建築技師は絵画館を見学して、壁画の大きさに対して観覧者の距離が狭いと展示方法の稚拙さを批判する(「明治神宮絵画館拝観之記」『工学と社会』一九二七年一一月)。そもそも壁画群を観ることでナショナルな「明治像」を想起することは可能だろうか。

であれば逆に、日本画と洋画各四〇題という異なる形式によって作品群と展示空間を分断させたことの意味は大きい。例えば明治天皇像は、誕生に始まる「日本画」四〇点の世界では御簾に覆われ容易にその全身をさらさない。描かれる姿は、濃い眉の上に薄化粧を施した束帯である。しかし四一番以降の「洋画」展示エリアでは一転、断髪、蓄髭で多くは軍装、馬上姿で、壮年になると身体に丸みを帯び、好んだとされる肋骨軍服姿で老いを重ねていく。皇后像は和装・和髪と洋装・洋髪とに区分される程度だが、変化は四八番、つまり洋画の展示空間まで和装が続くことで、天皇像との近代化をめぐる時間差や役割分担が演出される。加えて一九世紀末の錦絵や新聞付録が好んだ次世代（皇太子・皇太孫）を想起させる画題は一切存在しない。雑味を排したこうした展示からは、伝統から近代へ、という視覚による境界の作り方に企画側は意識的だったと見て良い。洋画家を「日本画」画題の枠で依頼していたことや日本画と洋画の境界線が実はあいまいであることは、水上も明言していたからである。

こうした二部構成は「明治」の政治空間の広がりを示す。日本画区分の特に前半は、御所空間に象徴される有職故実の「古都」空間に限定される。先述した〈一六番「農民収穫御覧」〉は「奠都」途上であり、〈一七番「東京御着輦」〉へと移動する。四〇番以降の帝都の皇居空間の持つ近代性との対比が明らかだ。あるいは軍艦や海上を描く構図の多さ、樺太での土地の測量などからは、トンチャイ・ウィニッチャクンのいうナショナリズムを喚起する文化装置としての「国土イメージ」・「地理的身体」に加え、これらを踏まえた杉本史子による、海の視点を備えたジオ・ボディの重要性の指摘を重ねるべきかもしれない。

加えて水上や大久保意見書は画題のバランスを課題とした。特に軍事偏重を避け、「文化」画題の必要性を説いたが、天皇皇后を直接描きこむ画題の多くが、例えば「日本画」エリアの〈三九番「能楽御覧」〉では洋装の天皇と和装の皇后が、〈四〇番「初雁の御歌」〉では和装の皇后が単独で、それぞれ木島櫻谷や鏑木清方によって描かれ、「風俗的文化的カクテルの難題」[8]に挑んだと画家への絶賛も寄せられる。絵画館事業が日本画世界に与えた影響力は大きく、同じく評には「明治神宮壁画館の奉納揮毫は日本画壇に於る歴史画主義の異常な発展或いは復興となった」とある。[9]大正末から昭和にかけては「歴史画」としての大和絵が復興する時期とされるが、日本画四〇点にとって、幕末維新期の「御生誕」から「初雁の御歌」という歴史画の製作は新たな試みであった。藤波等の「考証」をふまえ、まさに「伝統」を可視化する役割を果たした、と考えるべきだろう。「文化」画題は洋画エリアでも皇后を単独で描く〈四八番「華族女学校行啓」〉や、夫婦像としての〈五三番「歌御会始」〉〈五七番「大婚二十五年祝典」〉〈七六番「観菊会」〉、天皇単独の〈七八番「東京帝国大学行幸」〉など、軍事や海外領土画題のあいまに文化を纏う身体としての天皇・皇后像が配置される。

壁画群のうち幕末維新期の画題の多くは、奉納者の旧大名家による「父の世代」の顕彰が見え隠れする。他方、ナショナルヒストリーとして全体を見た場合、対外戦争や帝国の描かれ方は、第一次世界大戦後に戦争画に求められるようになった兵士群像からは遠く、「融和」政策は暴力性を増すなか、もはや時代遅れ感が漂ったのではないか。〈六二番「下関講和談判」〉のすぐ後に〈六三番「台湾鎮定」〉が並ぶ、いわば台湾戦争を可視化する歴史像は、満洲事変後の日本で歓迎されただろうか。しかし全体としてこの事業は、文化的な要素を君主像に纏わせ、伝統と近代を相互補完的に配置することで、明治という過去を歴史化するプロジェクトをひとまず完成させたのではないだろうか。そしてホブズボウムが着目した「創造の過程」とは、たしかに過程であり、新たな引用やつぎはぎの編集によって再生産されていくように思われる。壁画画題はまずは同時代の国定教科書にただちに引用されたからだ。

## おわりに

明治神宮聖徳記念絵画館壁画は最初の十数点が奉納・公開されて以降、第四期(一九三〇年五月)から第五期(一九四一年三月)の尋常小学校「国史」下巻の教科書挿絵に顕著であるように、国定教科書によって掲載と取捨選択が繰り返された。歴史教科書は、一九世紀末の改正小学校令段階から「挿画」の持つイメージ喚起を奨励していた。「文部省前編修課長・図書監察官」の肩書きを持つ人物は、「挿画は国史教育上頗る重要な役目を果たす」として、第四期での教科書の挿画のマニュアルを出版する(藤岡継平『挿画を中心とせる国史教育――尋常小学国史挿画の解説と其の精神』目黒書店、一九三八年)。また実際の教科書掲載では自在のトリミングやタイトル変更が画題の「読み方」を変える。二次的引用は画題を操作可能にするのである。例えば四期の教科書に登場した先の〈一六番「農民収穫御覧」〉は「沿道の人民は御行列をかがみたてまつつて」と神格化された天皇と臣民との邂逅の場へと意味転換される。一方、四期から五期にかけて、下関条約後の台湾戦争の画題はその記述も挿画もなくなる。〈七七番「日韓合邦」〉は四期から登場し、「多年の懸案は韓国併合で解決したのでその和やかな気分を描いた」(藤岡継平、一九三八年)と解説された。「国史」以外でも、近代の出発点としての明治壁画は、一九四三年七月在満教務部発行による「日本人」用教科書第六学年用『皇国の姿』には〈一七番「東京御着輦」〉や、題名を「明治天皇の演習御統監」と変えた〈二七番「習志野之原演習行幸」〉、同じく題名を変えた〈一九番「神宮親謁」〉など日本画画題を好んで掲載した。

本書の読者はおそらく誰もが、聖徳記念絵画館の絵画を目にしているだろう。〈五番「大政奉還」〉〈一三番「江戸開城談判」〉〈二二番「岩倉大使欧米派遣」〉に加え、特に〈五一番「憲法発布式」〉は今日なお「歴史」「日本史」教科書に登場することで明治イメージの記憶の継承と再生産にその役割を果たしてきたからだ。〈憲法発布式〉は一九七〇年代以降の歴史教科書には定番であった。しかし一九三六年四月の完成祝賀式の朝に奉納され、殿《しんがり》をつとめた著名なこの画は、戦前国定教科書には時期的にも、そしておそらく憲法作成という点で内容的にも採用される機会を逸した。まとまった歴史像としての壁画群の出現の遅れが、もはや時期を逸した未完のプロジェクトであったとするならば、内戦の記憶や台湾戦争の欠落に象徴される対外戦争イメージの操作、何よりも植民地支配を引き算した「明治」像とこれらを補強する伝統と近代の交差は、戦後の教科書に繰り返し引用され続けた「憲法発布式」をはじめ、文献研究の側として今日なお内省的な検討の余地を残す課題だろう。

《文中引用以外の参考文献》

畔上直樹他編『明治神宮以前・以後——近代神社をめぐる環境形成の構造転換』鹿島出版会、二〇一五年。

今泉宜子『明治神宮——「伝統」を創った大プロジェクト』新潮選書、二〇一三年。

杉本史子『近世政治空間論——裁き・公・「日本」』東京大学出版会、二〇一八年。

トンチャイ・ウィニッチャクン『地図がつくったタイ』石井米雄訳、明石書店、二〇〇三年。

高木博志「総論 明治維新と宗教・文化」明治維新史学会編『講座明治維新11 明治維新と宗教・文化』有志舎、二〇一六年。

布川弘「解説 日露戦後における公共空間の構想」『史料集 公と私の構造5 日本大博覧会と明治神宮——日本大博覧会関係史料、明治神宮関係史料』ゆまに書房、二〇〇三年
E・ホブズボウム、T・レンジャー編『創られた伝統』前川啓治他訳、紀伊國屋書店、一九九二年（原著一九八三年）

堀口修「「臨時帝室編修局」と「明治史料編纂会」」（『古文書研究』五四号、二〇〇一年一一月）。

林洋子「『壁画謹製記録』に見る美術界と「歴史」の出会い」（「解題」）『明治神宮叢書18 資料編（2）』明治神宮、二〇〇三年。

特別展図録『二世五姓田芳柳と近代洋画の系譜』明治神宮、二〇〇六年。

特別展図録『小堀鞆音と「歴史画」の継承者たち』明治神宮、二〇〇六年。

（1） 一九九九年には明治美術学会が学会シンポジウムのテーマとした。
（2） これらの記述は水上浩躬「壁画選定ノ経過及其成果」『明治神宮奉賛会通信』六六号付録、一九二二年八月（『明治神宮叢書18 資料編（2）』）、同「絵画館壁画の消息」『明治神宮奉賛会通信』八〇号付録、一

九二五年一〇月(『同右』)、『明治神宮外苑奉献概要報告』明治神宮奉賛会編、一九二六年のほか、阪谷芳郎『明治神宮奉賛会日記』(『明治神宮叢書17 資料編(1)』二〇〇六年)等による。

(3) 「五姓田氏の下絵で明治神宮陳列館の壁画を描け!」『読売新聞』一九二〇年八月一七日。

(4) 寺崎武男「日本最初の遣欧使節」日本放送協会関東支部編『横から見た歴史』一九二九年。

(5) 「解題―壁画画題考証図」(『明治神宮叢書20 図録編』二〇〇〇年)。

(6) 「明治帝の壁画問題で日本画の三元老が起つ」『読売新聞』一九二三年二月二三日等。

(7) 以下、「江戸開城 北海道屯田兵 秋田鉱山御覧 岩倉大使欧米派遣 熊本籠城 内国博覧会 広島大本営軍務親裁 広島病院行啓 軍人勅諭下賜 兌換制度御治定 日英同盟 畝傍陵親謁 日韓合邦」(「明治絵画館ニ関スル意見書」『牧野伸顕文書』C126、憲政資料室蔵)。

(8) 豊田豊「明治神宮壁画館拝観記」『塔影』一九三五年一月号(『豊田豊美術評論全集1 芸術清談』古今堂、一九四一年所収)。

(9) 豊田豊「日本主義及歴史画の復興」『塔影』一九三五年七月号(『同右』)。

* 教科書資料原本については、堺市・教科書総合研究所(私設・吉岡数子代表)所蔵本の閲覧による。記して感謝します。

# 9　戊辰戦争の記憶と地方自治体における「明治一五〇年」

大江洋代

## はじめに

本稿の目的は、二〇一八（平成三〇）年の今、地方自治体が政府主催「明治一五〇年関連施策」（以下、「明治一五〇年」と略記する）をどのようにとらえているのか、明らかにすることにある。

その際、考察にあたっての起点を戊辰戦争に置く。戊辰戦争が政体を転換させるため、本当に必要な戦争であったかについては議論があるが（尾佐竹猛『維新前後に於ける立憲思想』文化生活研究会、一九二五年）、時代の分かれ目を作った戦争であることは疑いない。

戊辰戦争はすべての地域に二者択一を強いた日本最後の内戦であったため、地域によって異なる経験が記憶されている。たとえば、「賊軍」とされた会津藩域、現在の福島県会津若松市は「明治一五〇年」という語を使用せず、「戊辰一五〇周年」と銘打った催しを開催中である（http://boshin.city.aizuwakamatsu.fukushima.jp/）。同市の「戊辰一五〇周年」は、「明治一五〇年」が、ある地域にとっては共有しがたい歴史認識であることを示唆する。

鹿野政直は、歴史学のあり方について自省を試みた『「鳥島」は入っているか――歴史意識の現在と歴史学』(岩波書店、一九八八年)の着想のひとつに、大町雅美『戊辰戦争』(雄山閣、一九六八年)を掲げている。大町書は下野の民衆にとっての維新を考察したものであり、「変革に勝利したがわに主眼をおいて捉える方法の意義と限界」を鹿野氏につきつけたものであった。各地に多様な思惑と姿勢を生んだ内戦、戊辰戦争は、無数の「〇〇にとっての歴史」、「される側の歴史」、「する側の歴史」を生み出したのであった。

本稿では、無数の「〇〇にとっての歴史」を掘り出すことのできる戊辰戦争に焦点をあてることで、「明治一五〇年」のもとで呼び覚まされる「明治一五〇年」とは異なる各地の記憶について検討していきたい(本稿で引用するインターネット情報の最終閲覧日は二〇一八年八月二六日である)。

## 一 「明治一五〇年」に対する地方自治体対応とその多様性

本節では、各地の戊辰戦争でのスタンスが、「明治一五〇年」対応に影響を与えているかについて検討する。分析にあたっては、現況の自治体の政治性は加味しない。

### 1 地方自治体に対する求めと各都道府県の対応状況

政府が地方自治体の取り組みを確認、推進する場である「「明治一五〇年」関連施策各府省庁連絡会議」は、二〇一六年以来、一〇回開催されている。「都道府県・指定都市」、「市区町村」、「民間団体」別にまとめられた施策一覧表が毎回、配布され、自治体の「明治一五〇年」への取り組みの熱心さが把握される。また内閣官房「明治一五〇年ポータルサイト」内「イベントカレンダー」(https://www.kantei.go.jp/jp/singi/meiji150/portal/index.html)では、自治体別に取り組みが検索できる(以下、官房公式HPとする)。

政府の号令の下、「明治一五〇年」対応部局を設置したことが都道府県庁公式ホームページ(以下自治体公式HPとする)から判明するのは四七都道府県中三六都道府県である。うち、一八自治体が、総務や総合政策、企画など調整系の部局で対応をしており、政府官房から降りてきた職務として「明治一五〇年」を処理しようとする姿勢がうかがえる。また、一三自治体が地域振興と名のつく部局で対応しており、歴史と地域振興が直結している傾向を物語る。より直接的に観光部局が対応しているところが二自治体(鹿児島県、高知県)、特設部局を設けたところが一自治体(佐賀県)ある。文化や教育を扱う部局が担当するのは二自治体(新潟県、岡山県)のみであった。対応部局のあり方からは「明治一五〇年」下の自治体において歴史が置かれた現状をうかがい知ることができる。

「第一〇回「明治一五〇年」関連施策各府省庁連絡会議」(二〇一八年七月三〇日)配付資料によれば、現在、都道府県五九一件(開催済一二六件+開催予定四六五件)のほか、政令指定都市、市町村、民間の施策が登録されているが、本稿の考察は、全体的な傾向をつかむため都道府県の対応に絞り、市町村対応については必要に応じて触れる。

以下、分析に際しての情報源は自治体公式HPに限り、ここに「明治一五〇年」との連動ページを作成しているか、いかなる語り口で「明治一五〇年」をめぐる宣伝を行っているか検討する。次に、各地の戊辰戦争時のスタンスを現在の都道府県域に当てはめ、類型化する。この類型化にあたっての大きな問題は、藩内抗争や各県域に含まれる幕府領について捨象し、二六〇藩のスタンスのみで検討したことにある。各藩のスタンスは、新政府軍a薩長型、新政府軍b参戦型、新政府軍c無血恭順型、新政府軍d対抗・交戦後恭順参戦型、および旧幕府軍型の五類型に分類する。(1) 石高が最も多くなった類型をその藩の類型とし、現在の県域にプロットする。例えば現在の青森県はかつて四藩で構成されていた。青森県は総石高一四万石で、その内訳は新政府軍d型(弘前藩一〇万石、八戸藩二万石)、新政府軍c型(黒石藩一万石)、旧幕府軍型(七戸藩一万石)である。四藩の石高を足し上げると、総石高九三%(一三万石)を占める藩が新政府軍についたものの、旧幕府軍についた藩もある。現在の県域からみると、県内分裂の「一部旧幕府軍混入型」となる(表1)。

表2では、類型別に《1》自治体公式HPから官房公式HPへのリンク状況、《2》自治体主催イベントの掲出、あるいはイベント開催機関へのリンク状況についてまとめた。

《1》は四七県中二九府県、六二%の自治体で対応されていた。さらにこのページに自身主催のイベントを掲出し、ひとめでどのようなイベントがあるのか一覧できるような仕組みのHPを作っている自治体《2》は、二四府県で四七都道府県の五一%である。

## 2　語る自治体

第一の特徴として、全域新政府軍型a(山口県、鹿児島県)は官房HPとのリンクページを作ってい

**表1**　戊辰戦争における立場

| | | |
|---|---|---|
| 全県一致 | 全域新政府軍 a 型 | 2 県(山口，鹿児島) |
| | 全域新政府軍<br>b〜d 型(b，c，d) | 22 県(栃木，群馬，埼玉，神奈川，富山，石川，福井，静岡，愛知，京都，奈良，和歌山，鳥取，岡山，広島，島根，徳島，高知，佐賀，長崎，熊本，大分) |
| | 全域旧幕府軍型 | 3 県(北海道，岩手，宮城) |
| 県内分裂 | 70% 旧幕府軍型 | 2 県(山形，福島) |
| | 50% 拮抗型 | 2 県(茨城，新潟) |
| | 一部旧幕府軍混入型 | 13 県(青森，秋田，千葉，長野，岐阜，三重，滋賀，大阪，兵庫，香川，愛媛，福岡，宮崎) |

＊　全域幕府領の東京都，山梨県，独立国であった沖縄県を除く(なお沖縄県のイベントは，「ジョン万次郎上陸之碑」設置(民間)のみ)

**表2**　都道府県庁内 HP からみる，地方自治体「明治 150 年」対応状況

| | 《1》自治体公式 HP から官房公式 HP へのリンク | 《2》地方自治体主催イベントの掲出状況 | |
|---|---|---|---|
| | 29/47 都道府県<br>(62%) | 24/47 都道府県<br>(51%) | |
| 全域新政府軍 a 型<br>全 2 県 | 0 県/2 県<br>(0%) | 0 県/2 県<br>(0%) | 山口，鹿児島 |
| 全域新政府軍<br>b〜d 型<br>全 22 県 | 13 県/22 県<br>(59%)＋1 | 10 県/22 県<br>(45%)＋4 | 神奈川，愛知，奈良，和歌山，岡山，広島，島根，徳島，熊本，大分 |
| 全域旧幕府軍型<br>全 3 県 | 2 県/3 県<br>(67%) | 2 県/3 県<br>(67%) | 岩手，宮城 |
| 70% 旧幕府軍型<br>全 2 県 | 2 県/2 県<br>(100%) | 1 県/2 県<br>(50%) | 福島 |
| 50% 拮抗型<br>全 2 県 | 2 県/2 県<br>(100%) | 2 県/2 県<br>(100%)＋1 | 茨城，新潟 |
| 一部旧幕府軍混入型<br>全 13 県 | 9 県/13 県<br>(69%)＋1 | 8 県/13 県<br>(62%) | 青森，岐阜，滋賀，和歌山，広島，島根，愛媛，宮崎 |
| その他<br>全 3 県 | 1 県/3 県<br>(33%) | 1 県/3 県<br>(33%) | 山梨 |

＊　「＋1」などの数値は，2018 年 2 月 26 日の調査に比して増えていたことを示す

**表3**　自庁内HPの外部に独自HPを開設した自治体

| | |
|---|---|
| 都道府県(8自治体)　※山口県のみ官房HPとリンクあり | |
| 〈薩長型〉<br>山口県，鹿児島県 | 「維新胎動の地山口県」「やまぐち未来維新博」「鹿児島明治維新博」 |
| 〈亀裂修復型〉<br>北海道，兵庫県 | 「北海道150年」「兵庫県政150周年」 |
| 〈本当は自分が牽引型〉<br>福井県，高知県，佐賀県 | 「幕末明治福井150年博」「志国高知幕末維新博　時代は土佐の山間より」「肥前さが幕末維新博覧会」 |
| 〈その他〉　東京都，京都府 | 「Old meets New 東京150年」「明治150年京都創成」 |
| 市町村(4自治体)　※うち2自治体(会津若松，水戸)は官房HPとのリンクあり | |
| 〈賊軍アイデンティティ型〉<br>会津若松市 | 「戊辰150周年」今から約150年前，日本の体制は大きく変革いたしました.〔中略〕会津藩にとっての戊辰戦争は，「信義」の精神から始まり，「正義」を貫くための戦いだったのです. |
| 〈本当は自分が牽引型〉<br>水戸市 | 「水戸市明治維新150年」水戸藩の教育的伝統に培われた学問，理念，人材は，新しい時代への魁(さきがけ)として，多くの人々に影響を与えたほか，徳川慶喜公の世紀の決断，すなわち「大政奉還」につながるなど，明治維新の原動力となりました. |
| 〈その他〉　京都市，新潟市 | 「明治150年京都のキセキ」「新潟開港150周年」 |

ない。政府事業にのらず、独自イベントを企画し、独自HPを設けている。この対応は、いわば明治の発信源としての積極的対応であろう。このほか、自庁内HPには対応頁を設けず、外側に独自HPを開設した自治体が表3である。都道府県では八自治体確認できた。それぞれの自治体では「明治一五〇年」という言葉を使用せず、独自名称のイベントを企画している。それを類型化すると、都道府県では〈薩長型〉、〈亀裂修復型〉、〈本当は自分が牽引型〉、〈その他〉となる。〈亀裂修復型〉は、多様な地域や民族を含みながら歩んだ歴史を振り返ろうとするもの、〈本当は自分が牽引型〉は、最後に薩長に持っていかれてしまったが、自藩に蓄積されたものがなければ、明治維新は起きなかったと主張するものである。[2]

第二の特徴としては、旧幕府軍率が高い自治体は「明治一五〇年」に乗る傾向があるという点である。だが乗ったうえで「明治一五〇年」とは異なる独自の主張を行う県もある。〈賊軍アイデンティティ型〉福島県と〈本当は自分が牽引型〉ながら旧幕府軍率の高い茨城県である。その下にある会津若松市と水戸市では官房HPへのリンクがはられ、政府とは異なる歴史認識を強く打ち出すための意志すらうかがえる。

以上、表3の自治体は美しい独自HPを作成し、特に〈薩長型〉、〈本当は自分が牽引型〉、〈賊軍アイデンティティ型〉には、政府の「明治一五〇年」への対抗意識がうかがえる。強い意志をもって戊辰戦争を迎えた自治体に顕著な対応といえよう。

## 3　苦慮する自治体

第三の特徴について述べる。表2における《1》や《2》のようなHP対応を行っていても、大多数の自治体は、政府の示した「明治一五〇年」像をコピーアンドペーストしてHPに掲載し、我々もやっています、というスタンスを取るのみで自らの言葉で地域の歴史像を語ることはない。たとえば山梨県が典型例である（山梨県公式 http://www.pref.yamanashi.jp/seisaku/meiji150/meiji150_top.html）。

これに対し、苦慮しつつ「明治一五〇年」対応を語るのが全域旧幕府軍型の岩手県、宮城県である。たとえば達増拓也岩手県知事は二〇一八年一月四日「年頭における知事訓示」にて「今年は、明治維新、戊辰戦争から一五〇年、原敬総理大臣就任から一〇〇年でもあります。幕末維新期の岩手の先人たちの苦難、先進性、高い志、そして郷土愛に思いを寄せながら、有意義な一年にしてまいりましょう」と、「明治一五〇年」に触れてはいるが、原敬総理大臣就任一〇〇年のほうに重点が置かれているように読める(岩手県公式 http://www.pref.iwate.jp/governor/hatsugen/54158/061040.html)。宮城県は、公式HPで「宮城県においても、「明治一五〇年」関連施策を推進し、明治の精神を学ぶほか、交流人口の増加等の地域活性化にも結び付けるよう取り組んでいきます」と、「明治の精神を学ぶ」というフレーズをとってつけたように使い、前段と後段の因果関係が不明瞭な文章を掲出している(宮城県公式 https://www.pref.miyagi.jp/site/tiikisinnkou/meiji150nen.html)。自治体の対応に戊辰戦争が影を落としている可能性がうかがえる。

## 4 語らない自治体

第四の特徴は、自治体イベント掲出HPを設置していない自治体が半分近く存在することである。もちろん、郷土博物館などを検索すればイベントを見つけることができるが、県庁から県イベントの全体像を見通すことが出来ないため、その県がどのような歴史認識を持っているのか分析できない。なかでも最も対応力が低いのは「全域新政府軍b、c、d型」で、同型自治体の四五%(本年二月二六日調査では二六%)のみが地域イベントにたどりつける仕組みとなっている。この意味を考えたい。

和歌山県(新政府軍c無血恭順型)の片桐章浩県議会議員は、二〇一六年九月の県議会で、陸奥宗光を郷土教育に取り入れることの重要さを指摘し、「明治維新一五〇年にも大政奉還一五〇年にも和歌山県がかかわっていないということであれば、とても寂しいことだというふうに思います。特に平成二九年は陸奥宗光没後一二〇年の年となりますから、シンポジウムの開催など大政奉還一五〇周年プロジェクトと連動した取り組みをすることで偉人の功績が広く伝わり、集客効果も上がると思います」と提案している(和歌山県議会公式 http://www.pref.wakayama.lg.jp/prefg/20100/www/html/gijiroku/1609/2809_05_03.html)。大政奉還や陸奥宗光といった中央政局に関わらないと、地域には歴史がないと考えている模様である。(3) また観光資源として歴史をとらえている。

鈴木英敬三重県知事(一部旧幕府軍混入型)は、二〇一七年七月二五日知事定例会見で、「明治一五〇年」対応を問われ、「本居宣長が著した古事記伝は、松下村塾において必読書であったわけですし、松浦武四郎と吉田松陰が海防について議論を交わしていたというのもありますので、ちょうど来年は、北海道さんと北海道一五〇年、武四郎生誕二〇〇年やりますから、何かそういうのに絡めて明治改元一五〇年と絡めて、国の予算を活用して、あらためて県民の皆さんに何か知っていただいたり、あるいはそういうものとの繋がりが発掘できるようなものとか、何かそんな事業とかも国の予算のメニューを見ながら、もし可能であればやりたいとは思いますけどね。そんな何か大々的にバーンってやるっていう感じではないと思いますけどね」と回答した(三重県公式 http://www.pref.mie.lg.jp/CHIJI/000179128_00029.htm)。ここには和歌山県同様、既成の歴史スターとの関わりがなければ地域には何もないという、集客を重視する「外向き」の姿勢と、「県民」のために何かを発掘したいという「内向き」の姿勢も示される。だが、発掘すべきもの、「県民」にとって明治とはなんであったのかと考え始めると沈黙してしまう。ここには、〈薩長型〉や〈賊軍アイデンティティ型〉とは異なり、「明治一五〇年」に反応する回路がない、いわば傍観的な歴史認識が浮かび上がる。

三重県内の旧藩の津、桑名、亀山は厳しい藩内抗争を経て、城が数発、砲撃を受けた藩があるものの直接的に県域は戦場となっていない。三重県域としては、苦しみながらも無事に戊辰戦争を乗り切ったため、あの時の葛藤の記憶が薄らぎ、明治時代も、「明治一五〇年」も、上から降ってきたものとして傍観的にとらえているかもしれない。つまり「賊軍」とも「官軍」とも異なる、傍観的な明治認識もまた、「明治一五〇年」の広がりを押しとどめている可能性があるかもしれない。

## 5　イベントで取り上げられる人物、出来事

取り上げられる事物としては土木インフラ、鉱山などに焦点があてられ、人物は明治に活躍した人に焦点があてられる傾向にある。政府が提示しているのが一八六八年に起点を置いた「明治一五〇年」であるから、明治を語ることに重きが置かれ、本来地域にそれぞれあるはずの、近世、幕末からの歴史的つながりを示す姿勢が弱くなっているかもしれない。

また、大日方純夫は、「明治一五〇年」には、「アジア」、「民衆」、「戦争」が欠落していると指摘した(「「明治一五〇年」史観では見えない「明治」」『歴史地理教育』八八二号、二〇一八年)。このうちアジア、および戦争については自治体対応でもほとんど欠落していたが、「民衆」については独自の取り組みも見られた。群馬県立文書館では「民衆知」の講演会を開催、新潟県立文書館(「新潟の状況を、時代を目撃した人々の書状や日記等から紹介」)、徳島県立文書館(「徳島の人々が直接感じて書き残した様々な歴史資料を展示」)、高知県立高知城歴史博物館(「ぼくらの明治維新～庶民が見た新時代」)、埼玉県、富山県は自由民権運動の展示を行う。市町村自治体では、さらに多様な「民衆」に焦点を当てた企

画を見つけることができる。例えば横浜市歴史博物館の「戊辰の横浜――名もなき民の慶応四年」は「メディアに取り上げられるような著名人は登場しません。しかしその代わり、横浜市域ならではの特徴や、当時この地に生きた人々の息づかいを間近に感じることができます」と打ち出し、「名もなき民」のみで戊辰戦争を書ききった。

また史料収集事業は、空襲で消失した県庁文書を補完する資料を集めようとする香川県立文書館、旧家文書目録を刊行する埼玉県立文書館で見られる。史料のデジタルアーカイブ化に取り組むとしているのは大阪府、神奈川県、長野県、奈良県である。

以上の本節の考察から、「明治一五〇年」は、それとは整合しない各地の多様な明治観を顕在化させたことがうかがえた。こうした自治体の姿勢は、今後、各地で、国家の歴史である「明治一五〇」年とは異なる物語が導き出される可能性を感じさせるものである。

## 二　多様性の背景――引きずられる戊辰戦争の記憶とその変遷

では、その可能性をどのように引き出すのか。二節では、そのヒントを得るため、国家の歴史と整合しない地域の歴史が、明治以来どのように展開していたのか、不整合のあった地域における戊辰戦争の記憶をたどってみる。

## 1　対外戦争と内戦の記憶の交差

「明治一五〇年」は、明治に起きた内戦と対外戦争のいずれにも触れていない。しかし、各地では戊辰戦争の経験を引きずりながら、その後の対外戦争に参加していた。まずは、対外戦争という国家の記憶と、内戦という地域の記憶はどのような関係にあったのか検討することで、国家の歴史と地域の歴史の不整合が、根深いものであったことをおさえたい。

### ①　明治期

「賊軍」とされた地域の無念は、日清日露戦争を通じてナショナリズムに吸収されることで癒やされてはいたものの（高木博志「「郷土愛」と「愛国心」をつなぐもの――近代における「旧藩」の顕彰」『歴史評論』六五九号、二〇〇五年）、消え残ることがあった。たとえば旧米沢藩では、政府が「賊軍」の慰霊を許可する一八七四年八月に先立つ一八六九年三月、戊辰戦争の戦死者二百五十余名の「忠臣」の慰霊を、「嗚呼哀哉」と、藩祖を祭る上杉神社で行っていた（「忠死御祭文」「上杉家文書」一三五五、市立米沢図書館所蔵）。また、日清戦争の出征前、旧米沢藩藩主上杉家のもとには、旧米沢藩出身将兵があいさつに訪れた。その際の戦勝祈願は、戊辰戦争における「賊軍」戦死者を慰霊していた上杉神社で行われ、将兵は「上杉神社ノ神霊モ亦必喜ハレ」（『上杉家御年譜』二一、米沢温故会、一九八五年）と上杉家から送りだされた。靖国神社には決して祭られることのない戊辰戦争の戦死者の前で行われる戦勝祈願は、明治の対外戦争に出征した日本帝国陸軍がすべて同じナショナリズムの土台の上にあった訳ではないことを示す事例である。

このことは、第二師団（仙台）で徴募された軍夫の多くが「戊辰戦争、西南戦争に参加した経験を持ち、この地域の幕末・維新期以来の屈折した体験と記憶を引きずっていた」という大谷正の指摘と接続しうる（『兵士と軍夫の日清戦争――戦場からの手紙をよむ』有志舎、二〇〇六年）。さらに大谷は、日清日露戦争の慰霊に着目し、対外戦争の戦死者と戊辰戦争の「賊軍」戦死者が、同じ場で慰霊された事例を紹介している。各地に散見されるこうした事例のひとつ、滋賀県を取り上げた白川哲夫は、戦死者慰霊には「地域の論理」が存在したことを明らかにした（『「戦没者慰霊」と近代日本――殉難者と護国神社の成立史』勉誠出版、二〇一五年）。

戊辰―西南―日清―日露を通貫した慰霊は、「官軍」設置の靖国神社のみで成立していた訳ではなく、「賊軍」地域でも成立していた。「賊軍」の無念は、ナショナリズムに吸収されつつも、併存していた。

## ② 大正期

「明治五〇年」の一九一七（大正六）年、会津の戊辰殉難者五〇年祭の祭文では、当時を直接知る人が減少したことを背景に、官軍賊軍とも尊皇であったと詠まれた（田中悟『会津という神話――〈二つの戦後〉をめぐる〈死者の政治学〉』ミネルヴァ書房、二〇一〇年）。戊辰戦争の記憶は薄れていったかに見える。しかしこれを引きずっている「場」がまだあった。帝国連隊史刊行会が一九一七年から出版した各連隊史である。すべての連隊で出版されたのかは定かではないが、各連隊の校閲を受けたものであり、大正デモクラシー下の兵に、郷土部隊への誇りを持たせる目的を持っていた(一ノ瀬俊也「日本陸軍と〝先の戦争〟についての語り——各連隊の「連隊史」編纂をめぐって」『史学雑誌』一一二編八号、二〇〇三年)。どの連隊も章立ての仕様はほぼ同じであり、まず最初に「帝国陸軍」の成り立ちを説明し、それから各連隊の成り立ちに入るという順番となっている。そして最後に「雑録 吾連隊の環境」なる章がある。連隊衛戍地における古代以来の、いわば尚武の歴史を通じて、それぞれの連隊固有の強さをさぐり出すという趣旨で「以て精神修養の資となさんとする」ものである。執筆者が各衛戍地ゆかりの者であったかは不明であるが、地域を意識し、地域のために書かれた連隊史において戊辰戦争がどう語られるのか(以下で引用した連隊史は、すべて防衛省防衛研究所戦史センターの所蔵である)。

「官軍」であった地域の連隊史、例えば歩兵第四五連隊(鹿児島)は戊辰戦争の歴史を誇りとして語る。いっぽう歩兵第四八連隊(佐賀)は「雑録 吾連隊の環境」の章じたいを設けず、「官軍」参加に葛藤があった地域でも口をつぐんでしまう場所もある。

「賊軍」地域の連隊史も戊辰戦争への向き合い方は複雑である。歩兵第二連隊(水戸)は弘道館のエピソードで、歩兵第四連隊(仙台)は伊達政宗のエピソードで記述を止め、それ以降の歴史叙述を行わない。これに対し歩兵第三二連隊(山形)は、「維新当時に於ける奥羽諸藩の態度は(中略)其の挙措を誤っ」たが、「尊皇の大義を唱へ、毅然として進退の度を誤らなかったのが秋田藩と天童藩であった」とし、天童藩の「尊皇」家老吉田大八の功績を「士人の模範」とたたえている。しかしそのいっぽう歩兵第三二連隊に「尊皇」とたたえられた歩兵第一七連隊(秋田)では、「岩木山」など地誌に触れるだけで歴史自体を回避した内容となっている。特異なのは歩兵第二九連隊(会津若松)で、他の連隊史の数倍の紙幅をとって、白虎隊や日新館についてひたすら記述する。しかし、同じく「賊軍」といわれた地域の前掲歩兵第三二連隊のように戊辰戦争の際の判断について評価を加えず、今に結びつける教訓を引き出すわけでもなく、なぜそれが連隊史に書かれるべき歴史であるのかについては解説を行わない。「白虎隊」の叙述は地域の「忠勇」さを物語る材料ではあるものの、日本帝国陸軍歩兵第二九連隊史の前史と、白虎隊の歴史は整合されず、その記述は宙に浮く。

そのほか、数発の砲撃で降伏した歩兵第一〇連隊(姫路)、戦場とならなかった歩兵第二〇連隊(福知山)、歩兵第三六連隊(鯖江)などでは、戊辰戦争は書かれず、近世で記述がぴたりと止まる。

連隊史の趣旨からして帝国陸軍の成り立ちと各地の関係が語られてもよいはずであるが、この点への対応は、書く、書かない、書いても何のための叙述か不明、というように連隊によってまちまちである。これは、各地の戊辰戦争の歴史が帝国陸軍の始まりに位置づかないということを物語っているように思える。この不整合は、各地の歴史が国家の歴史に包摂されきっていないことを示そう。特に歩兵第二九、第三二連隊から浮かび上がる「賊軍」の負い目は、国家の歴史と各地の歴史との間に打ち込まれた楔として機能していた。

①、②でみた明治期から大正期にかけては、戊辰戦争の経験者が生存しており、各地の歴史はリアルな体験として皮膚感覚に残っていたためであろうか、国家の歴史と地域の歴史の不整合が見られた。

なお、興味深いことに、各連隊史の戊辰戦争に対する記憶の処理は、「明治一五〇年」各地の対応、「語る」、「語らない」、「苦慮する」と通底していくのである。地域が戊辰戦争をどのように迎えたか、すなわち、明治の迎え方によって、地域の記憶と国の記憶のあいだに、さまざまなかたちのずれが生じること、このことを今から百年前の連隊史が、すでに浮き彫りにしていたことをおさえておきたい。

### ③ 昭和戦中期

ところが、昭和の対外戦争でこれが変化する。「賊軍」の長岡市では、戊辰戦争における敢闘が日中戦争の戦意高揚に用いられ（溝口敏麿「戊辰戦争の歴史記憶」『新潟史学』五七、二〇〇七年）、会津若松市では、独大使、伊首相によって白虎隊の顕彰碑が建造された。「賊軍」の負い目は、戦意高揚のなかに取り込まれ、いかに自らが尊皇であったかを競うようになり（田中悟『会津という神話』）、日中戦争のころ、地域の歴史は国家の歴史に完全に包摂された。この背景には戊辰戦争経験者の減少と、総動員体制の成立がある。

## 2　国家の歴史と地域の歴史の不整合

しかし国家の歴史と地域の歴史が整合したのは、昭和戦中期の一時期だけであった。戦後、「明治百年」の一九六八年、「二百万県民は明治百年を契機とし（中略）祖国日本と郷土福島の輝かしい栄誉に向かって前進」と宣言された福島県主催式典会場の外に目をやれば、式典への異議申し立てとして式典アーチにはペンキがかけられ、飯盛山では白虎隊追悼式がいとなまれていた（「先人しの

び発展誓う　三〇人の先輩顕彰　県式典限りなき前進を宣言」『福島民報』一九六八年一〇月二三日夕刊、二四日朝刊)。会津若松市では、敗戦後にナショナリズムの箍が外れたとき、地域における歴史認識が式典を行う側と、それに抗議する側に分裂した。抗議する側は、戦中における国家の歴史との一体化の時代、大正における国家の歴史との不整合に苦慮した時代、明治における密やかな慰霊の時代と、一〇〇年の葛藤を一瞬で遡り、まるで一八六八年にもどったかのような反応を見せた。

「賊軍」地域は一〇〇年間、戊辰戦争観を時代に応じて変化させつつも、その不整合に悩まされ続けてきた。しかしこの不整合を整合しなくてよいと各地域が認識していたことが二〇一八年に顕在化した。会津若松市では、不整合を全面に打ち出した「戊辰一五〇周年」なる歴史観で「明治一五〇年」に対抗するに至った。この背景については「おわりに」で考察するが、「賊軍」地域に典型的に見られるように、国家の歴史と地域の歴史の不整合は新たな地域の歴史観を生む土壌となったことに注目したい。不整合は、いわば「正史」への異議申し立ての場へと変化していったといえよう。

## おわりに

本稿では地方自治体の「明治一五〇年」対応が、各地域での戊辰戦争の記憶、すなわち、明治の迎え方によって左右されていることを明らかにした。各地の明治の迎え方に対する記憶が、「顕彰」、「負い目」のほか、忘却も含めて様々に分岐しているからこそ、「明治一五〇年」対応に多様性が見られることが確認できた。

しかしこれは今に始まったことではない。実は「明治百年」の地方自治体対応においても、積極対応を行ったのが山口県、鹿児島県であり、それ以外の多くの自治体では、祝うべき対象を郷土のなかから見いだせず、政府の積極性に比べれば「消極的」、「受動的」であったという(松本四郎「自治体と「明治百年祭」」『歴史学研究』三四一号、一九六八年)。「明治一五〇年」は、「明治百年」同様に各地の記憶の多様性という壁を越えることができていない。そのいっぽう、「明治一五〇年」が示した新しい事態もあった。それが、山口県、鹿児島以外の自治体のなかから「二〇一八年」を「明治一五〇年」ととらえない自治体が出現したことである。それが「戊辰一五〇周年」ほか、「新潟開港一五〇周年」、「兵庫県政一五〇周年」などである。「明治百年」と「明治一五〇年」との最大の違いは、山口県、鹿児島県以外の自治体のなかからも、「明治一五〇年」に積極的に対応、あるいは対抗しようとする動きが見られたことなのである[4]。

この変化を支えたのは「明治百年」から「明治一五〇年」の間の地域史の目指すところの変化であったかもしれない。お国自慢の地域史や、国家の歴史を補完したり、国家の歴史の合わせ鏡となる地域史から、地域の皮膚感覚に基づいて明治の形成過程を描いていく地域史への転換である。特に、もともと地域の歴史と国家の歴史に不整合が自覚されていた場、たとえば「賊軍」地域から新たな歴史観が打ち出されている。こうした新たな歴史観の芽を蓄積していくことが、目下の歴史学の課題となろう。

今回、積極的に対応を行わなかった地域にもその芽がある。なぜならそれらの地域は、戊辰戦争で戦場となっていない地域や、東征軍が通過し、火の粉がふりかかってきても、したたかに対応した地域であったからである。各地域の戊辰戦争へのスタンス、例えば主体的な曖昧さといった政治的スタンス(鈴木壽子『幕末譜代藩の政治行動』同成社、二〇一〇年)、また戊辰戦争のさいの各地地域の戸惑いや、しぶとさ(小林紀子「東海道軍と沿道の人々――横浜とその周辺地域を中心に」奈倉哲三他編『戊辰戦争の新視点 下』吉川弘文館、二〇一八年、宮間純一「江戸周辺地域における内乱と民衆」『戊辰戦争の新視点 下』)が、二〇一八年に直結し、「明治一五〇年」に傍観的なスタンスを生んでいると考えられるからである。こちらの地域でも国家の歴史に整合しない歴史が生み出せよう。

また、二〇一八年に顕在化した問題もあった。それは、中央政局の歴史や既成の歴史スターとの関係を探す、「大きな歴史」とリンクさせることで、観光化を目指すという歴史観である。各地には豊かな「小さな物語」(趙景達「グローバル・ヒストリー雑感――政治文化史と民衆運動史の視点から」『歴史評論』七四一号、二〇一二年)があるはずなのに、忘れようとしていないだろうか。文化財、史資料の選別のみならず、記憶の選別という新たな事態がはじまってないだろうか、明治初期の歴史編纂のさい、政府に幕末の記録の提出を求められた各藩は、自分がいかに勤皇であったかを主張することを競い、勤皇かどうかで歴史が取捨されていった(松沢裕作「明治政府の同時代史編纂」箱石大編『戊辰戦争の史料学』勉誠出版、二〇一三年)。今、それと似た現象、すなわち、「小さな歴史」が捨てられ、「大きな歴史」が選ばれていくということがはじまっていることが危惧される。現在の価値観や、観光化できるかどうかで史実を取捨する歴史のエンタメ化も露呈された[5]。会津若松市の「戊辰一五〇周年」とて、地域に確かに存在した記憶が、観光資源として歴史を研究する「観光史学」（田中悟『会津という神話』）や、歴史のエンタメ化と結びついた部分が否めない。

こうした問題点を打開する拠点となるのも、国家と地域の歴史の不整合に苦しんできた地域である。今年は何の一五〇年目であろうか？　そう問われたとき、「明治一五〇年」とは別の答えを出していく拠点を各地に蓄積していきたい。

（1）　この類型は中西博三氏の労作「二六〇藩動向」（二〇一七年）による。氏は一九二五年生まれ、麻布中学校、日本大学を経て電通に勤務。軍隊経験があり、自分の生きた時代や、その時代はどのように作られたのか問うため、歴史と向き合った。氏と著者は書翰往復を通じ、氏の生きた実感とアカデミズム日本史の研究成果の異同につき「協同研究」を行っていたが、二〇一八年八月一〇日に急逝された。

（2）〈本当は自分が牽引型〉の、とある県立博物館施設の学芸員は、二〇一八年は「通常では通らないような企画が通った」、「歴史に予算が投じられた」、「一年分の来館者に相当する人数が一回の企画展で押し寄せ、開館以来の記録更新一一万人越え」と著者に教えてくれた。

（3）　和歌山県では、高校授業において、児玉仲児、大石誠之助、毛利柴庵、西村伊作といった全国区でない人物をとりあげた「地域資料をもとに（中略）日本の近代民主主義を生徒に考えさせる」試みが県議会議員の歴史観に対置されよう（横出加津彦「日本の近代民主主義の源流を和歌山から見る」『歴史地理教育』八八二号、二〇一八年）。

（4）　その他の相違点は、「明治百年」の記念事業が「国土開発」インフラ整備として現れたことである。

（5）　佐藤卓己は、知覧特攻平和会館が企業の「活入れ」に利用されていることを事例に、本来の歴史の文脈から離れて歴史が消費されていくさまを「歴史のメディア化」と表現した（「「歴史のメディア化」に抗して——特攻ブームはなぜ生まれたか」『中央公論』一三三巻九号、二〇一八年）。

座談会

# 「明治一五〇年」が問いかけるもの

石居人也
大江洋代
長志珠絵
小沢弘明
原田敬一
平井和子
中澤達哉(司会)

**中澤**　この本は「明治一五〇年」にあたる今年〔二〇一八年〕三月に、日本史研究会・歴史科学協議会・歴史学研究会・歴史教育者協議会が共催したシンポジウム「創られた明治、創られる明治――明治一五〇年を考える」を書籍化したものです。「はじめに」は、そのシンポジウムの呼びかけ文がもとになっています。座談会を始める前に、まずそこであげられている問題意識を確認しておきたいと思います。

まず、「明治百年」にあたる一九六八年において「明治」という時代がどのように語られたのか、ということが問題になります。そこでは、明治の歴史が、日本という後発国のめざましい近代化の物語へと敷衍されるとともに、高度経済成長を遂げた戦後日本と二重写しにされたということが指摘されています。その一方で、明治以来の歴史には戦争や迫害もあったことが全く無視されてしまっている。これが「明治百年」の構造だということを述べたうえで、それと同じことが二一世紀の「明治一五〇年」に繰り返されようとしていることを指摘しています。

もちろん「明治百年」と「明治一五〇年」の間にはいろいろな違いもあります。「一五〇年」では「百年」で見落とされていたものを取り上げるという格好をとっており、とりわけ若者・女性・外国人の活躍に光が当てられています。しかし、こうした動きは、いまの日本がおかれているある特定の政治的な状況を隠蔽しようとするための仕掛けではないか、ということも指摘されています。

そのような、「百年」と「一五〇年」の歴史状況の相違を意識しながら、権力によって明治イメージが創り出され利用される文脈と構造を、現在のナショナリズム・新自由主義・グローバリズムの位相において検証してみたい――それが本書の問題意識です。

　一方で、なぜ「明治一五〇年」を批判的に見なければならないのかという意見もあるでしょう。明治の輝かしい業績をなぜ批判するのか。大河ドラマの主人公の活躍をなぜ批判的に見るのか。「まことに小さな国の開花期」をなぜ好意的に見ることができないのか。日露戦争の勝利をなぜ顕彰してはならないのか――「はじめに」であげたこのような疑問は、特に若い人から提示されることが多いわけです。

　このような問いに対してわたしたちは、その輝かしい業績の陰に何があったのか、それらを手放しで賞賛することがどのような意味を持つのか、ということを問い続けることによって、歴史と正面から向き合うことができると考えます。

　この座談会では、いま述べたようなことを意識しながら議論をしていただければと思っています。

## ▼「明治百年」の世界史的位置

**中澤**　まずは、「明治百年」の問題について、その政府キャンペーンとしての「明治百年祭」が行われた一九六八年という時代の世界史的な位置を意識しながら考えてみたいと思います。

　第1章の原田敬一さんの論文では、日本政府が「明治百年」に目を向けさせることによって、一九六八年における危機や不都合を隠蔽しようとしたことが指摘されています。たとえば、当時の日本は平和憲法を持っていながらヴェトナム戦争に協力していたわけですが、その事実から国民の目をそらそうとする、隠蔽しようとする形で、「明治百年祭」が非常に大きな効力をもったということです。

　その一方で世界に目を向けると、この一九六八年にはパリの五月革命があり、プラハの春がありました。第6章の割田聖史さんの論文では、このパリの五月革命やプラハの春と、「明治百年祭」

に反対した学生や歴史家たちの運動との間に何らかの共通性があるのではないかということが論じられています。

原田さん、「明治百年」の世界史的な位置について、どのようにお考えでしょうか。

**原田**　二〇一七年の秋に佐倉の歴史民俗博物館で「「一九六八年」無数の問いの噴出の時代」という企画展示が開催されました。この展示にはわたし自身も関わったのですが、二年ほどの準備過程では、六八年が日本でも世界でもさまざまな異議申し立てをする、そういう機会であったということを何らかの形で展示できないだろうか、ということを議論していました。

日本では、どうしても大学闘争がクローズアップされてしまうのだけれど、実際にはたとえば、横浜革新市政の飛鳥田一雄市長の下で展開された住民運動である横浜新貨物線反対運動のピークは六八年でしたし、成田空港建設反対運動の三里塚闘争もそうです。それからヴェトナム反戦運動も、米軍の戦車が日本で修理されたり、東京の米軍王子キャンプ内に負傷した米兵の手当をする野戦病院がおかれたりする、そういう状況の下で行われていました。一九六六年に佐藤栄作内閣が「明治百年祭」を考えた時には、二年後の一九六八年がここまでさまざまな異議申し立てが噴出するような年になるとは思っていなかったと思いますが。

ただ、考えてみると、六六年は前年に締結された日韓基本条約に対する反対運動がまだ盛り上がっていました。その盛り上がりは反対運動の成功には必ずしもつながらなかったけれど、六〇年安保の後分裂していた革新側の戦線が、社共共闘などの形で再構築されるというような状況でした。やっぱり政権としては、そのような状況に楔《くさび》を打ち込んでおきたいという思いがあったのではないでしょうか。

結果的にではありますが、「明治百年」は歴史を入り口とした国家イベントになったと思うんですね。

**中澤**　なるほど。プラハの春ではソ連軍がチェコの民衆を鎮圧していきますね。改革を指導したドゥプチェクも失脚させられます。佐藤首相とソ連軍は同じような存在に見えてしまいますが……。

**原田**　いや、日本にとってのソ連軍はやっぱりアメリカです。戦後の日本では、アメリカとの共犯関係の下で新しい方向に踏み出したり、大きな転換を迎えたりすることが多い。たとえば自衛隊のあり方が日米安保条約に基づくガイドラインの切り替えにともなって大きく変わっていくことが象徴的ですが。「明治百年」の時期は、佐藤政権がアメリカのヴェトナム戦争支持の姿勢を強力に打ち出していった時期でもありますが、これも当たり前ですがアメリカの後押しによるものです。

**中澤**　そうした国内の不安定要素を打ち消すような、国民の目をそらすような政治的な効力を持ったのが、「明治百年祭」だったわけですね。石居さんの第2章の論文はこのあたりの時期を史学史的に捉えていると思うのですが。

**石居**　「明治百年」では、日本の近代を一貫した物語として描き出し、その描き出したものに人びとを吸引していくことが狙われていたのだと思います。そこで描き出された歴史とは、いわゆる右肩上がりの発展の物語です。実は、「明治百年祭」の趣旨文などを見ると、一〇〇年の間にあったはずのネガティブな要素が全く消えているわけではなくて、過ちがあったことを認め、回顧しているようにも見えます。しかし、その回顧は、過ちを克服して戦後の日本が復興を遂げたという物語に接続されることで、やはり最終的には単線的な物語に落ちついてしまっています。

**中澤**　明治以降の日本の発展と、戦後日本の発展の間には、数々の戦争が挟まれていたわけですが、そのことについては「誤りはあったけれども……」という形に書き換えられて、戦後の成長物語に続いてゆく。そしてその物語のピークを迎えるのが「明治百年」であるという構造ですね。

石居さんの論文の中でもう一つ印象に残ったの

が、一九六八年の「明治百年」の段階では、歴史学がそれらの言説に対抗する際に「われわれ」という言葉が主語として使われたのに対して、国民国家論以後の歴史学では「わたし」が主語として使われるようになった、という指摘です。このあたりのことを少し説明していただけますか。

**石居** 「われわれ」という言葉は、「明治百年」に反対・対抗する当時の歴史学の側から聞こえてきたものです。先ほどから述べているような、いわゆる「明治百年」的な歴史認識への反対の動きの中で、歴史学の拠って立つところを称する時に多く用いられたのが「われわれの歴史学」でした。「われわれの歴史学」に対置される「かれら」とは、「明治百年祭」を遂行し、それに基づく歴史認識を浸透させようとする側のことです。一枚岩の国民国家に収斂するような歴史認識を創り出そうとしている「かれら」に対して、歴史学はその外側に拠点をおいて、そこから歴史を描いてゆく、という自負のあらわれですね。

ただ、その際に歴史学の側も一枚岩の対抗勢力として「われわれの歴史学」というものを組み立ててゆくことが主張されていました。そうやって「われわれ」対「かれら」という構図がつくられていたのが、一九六八年段階での大きな特徴だと思っています。

## ▼「明治百年」と「明治一五〇年」①
## ――類似と相違

**中澤** 総論にあたる第Ⅰ部の原田さんと石居さんの論文から、現在の「明治一五〇年」を考える際に、一九六八年の「明治百年」を踏まえて検証していく必要があるだろうということが明らかになってきました。ここからは、「明治百年」と「明治一五〇年」の関係を議論していきたいと思います。

原田さんは論文で、「明治百年」と「明治一五〇年」とはもちろん相違があるけれど、その一方で比較可能な構造的類似性が存在しているとおっしゃっています。今の安倍政権が、「明治百年」の際の政府と同様に、国民の目を「明治一五〇年」に向けさせることによって、現在の日本の危機や不都合を隠蔽する、そういう仕掛けがあるのではないかということです。それは具体的に何かというと、改憲、戦争法、共謀罪……などですね。

しかし、ここで考えなければならないのは、「明治百年」の時と比べて、いまの「明治一五〇年」は意外に盛り上がっていないのではないか、ということです。そのことも含め、政権が危機を隠蔽する構造や仕組みは、「明治百年」と「明治一五〇年」ではもしかしたら違うのかもしれない。似ている所と違うところを含め、両者の関係性について、原田さんはどのようにお考えですか。

**原田**　佐藤内閣が「明治百年」に取り組み始めたのは、一九六六年です。先ほど言ったように、「明治百年」を準備する二年間は佐藤内閣がヴェトナム戦争への支持を明確にしてゆく過程と重なっています。そして一九六九年には、ヴェトナム戦争支持を明言した日米共同声明を出すことになります。なぜ佐藤内閣がそのような政策をとったのか、そこにアメリカの後押しがあったことは先ほどいいましたが、その前提として、一九六〇年代とは、アメリカの傘の下、日本の企業がアジアに進出していく時期でもありました。ですから一九六九年におけるヴェトナム戦争支持は、単なるアメリカ追従ではなく、戦後の高度経済成長を維持してゆくための政治の対応だったわけですね。ヴェトナム戦争について国論が二分されているなかで、それでもアメリカへの従属の下で東南アジアへの経済進出を進めていく、そのことに関して国民の支持を獲得する、国民を統合していくというのが「明治百年」の際の佐藤内閣の企てであったと思います。

一方、「明治一五〇年」を迎える今の安倍内閣は、経済的にうまくいっていない状況の下で、改憲などの政治的課題を打ち出さざるを得ない。「明治百年」と「明治一五〇年」では、経済状況と政権との関係が違うかなという気がします。

**中澤**　石居さん、このような政治状況の下、歴史学はどのように反応していったのでしょうか。

**石居**　「明治一五〇年」に関して言うと、原田さんがおっしゃったように政治が先行して経済が追いついていないという関係性が、やはりかなり影を落としていて、そのことは「明治一五〇年」に関する政府の趣旨文にもあらわれています。今回の取り組みの特徴の一つとして、女性や外国人といった人びとの活躍を掬い上げるという姿勢があります。これは「明治百年」の時にはなかったと思うのですね。もちろん、掬い上げる対象がまだ限定されていたり、取り上げる視角が「活躍」に限定されていたり、という問題があるとは思いますが。

ただやはり、政権は今までよりも目線を低くしていて、これまで「われわれ」という範囲に簡単にくることができなかったところにまで手を伸ばそうとしているということは、指摘できると思うのですね。経済成長ですべてを包み込んでいけるような経済の勢いがある時代に「明治百年」が企画されたのに対して、今は経済が低成長に転じて、成長や発展といったイメージがリアリティを持ちにくい。そういう中で、どうやったら人びとに届く歴史を描き出すことができるのか。それがおそらく、女性や外国人といった個人のレベルにまで目線を下げていったことの背景にあるのではないかと思います。

しかし、第9章の大江さんの論文にもあるとおり、それでも「明治一五〇年」に対する人びとの意識は冷めたところがあります。冷めてはいるけれども、「明治一五〇年」のロゴを使った地域振興などの企画はいろいろなところで行われている。

**原田**　ただ「明治百年」が盛り上がっていたかというと、実はそうとも思えない。

**中澤**　わたしは「明治百年」の後に生まれたこともあって、当時のことは残された文字史料でしか想像できないんですね。それは石居さんや大江さんなどをはじめ、多くの方がそうだと思いますが。

そこから敷衍すると、五〇年後に「明治二〇〇年」を迎えた時、過去の「明治百年」や「明治一五〇年」の時に一体何をやっていたんだろうと思って振り返る人は、残された史料だけを見るとものすごく盛り上がっていたようなイメージをもつと思うんです。たとえば今の「明治一五〇年」ではさまざまな地域で幕末明治に関する冊子をつくったりしていますし、「明治百年」では、反対する側ではありますが、歴研がこんなことをしている、日本史研究会もこんなことをしている、という記録が残っている(笑)。原田さんは「明治百年」もそこまで盛り上がってなかったとおっしゃいましたが、すくなくともいま「明治一五〇年」に関して盛り上がっている実感はない。

これはとてもおもしろい問題で、先ほどの議論の中で、「明治百年」や「明治一五〇年」に際して政府の側が過去の取捨選択を行っているということが言われましたが、まさにそのことだと思うんですね。

今回、わたしは西洋史研究者という門外漢の立場から皆さんの論文を読ませていただいたのですが、おもしろい共通点があることに気づきました。たとえば原田さんの論文では、歴史の単純化、明治の図式化などがキーワードになっています。長さんの第8章の論文では、明治の可視化がキーワードでしょうか。平井さんの第7章の論文では、長論文と連動しつつ、むしろ可視化されなかった不可視化された対象を見ようとしています。そして第9章の大江さんは歴史のエンタメ化という言葉をつかって、今の「明治一五〇年」を捉えている。「明治百年」「明治一五〇年」を考える際にこれらの視点が重要になってくるのではないか。

## ▼「明治百年」と「明治一五〇年」②
### ――ジェンダーの視点から

**中澤** 「明治百年」と「明治一五〇年」との間

で変化している点もあります。わたし自身は歴史研究のなかでジェンダーという問題が提起されたのが大きなポイントだと思っています。それを先ほどの石居さんの言葉で言うと、「われわれ」の中にある「わたし」の問題であり、あるいは「われわれ」からこぼれ落ちてゆく主体の問題を見始めたということになる。そのことを究明しようとする論文が揃ったと思います。

平井さん、この「明治百年」と「明治一五〇年」の論じ方の変化について、研究状況の変化や史学史的観点を踏まえながらお話しいただけますでしょうか。

**平井**　「明治百年」の時には全く女性という言葉が出ていませんね。女性史研究的には、日本の第二波フェミニズムがちょうど一九七〇年から始まったということになっていますので、それより前の一九六八年にはジェンダー的視点は政府の側にも、反対する側にも欠落していたと思います。

今回の「明治一五〇年」では、その第二波フェミニズム以降の主張を政府の側が表面的にではあれ掬い上げている。たとえば、安倍総理は今年の年頭所感の中で、明治四年に六歳で岩倉使節団に加わりアメリカへ渡った津田梅子を挙げて、性別に関係なく個人の能力が生かされるアメリカに学んだ津田が日本人女性の可能性を開花させるために身を捧げた、と述べています。「性別に関係なく個人の能力が活かされる」という箇所などは、まさに男女共同参画社会基本法のフレーズなんですね。こういう風に男女共同参画に熱心な人たちの気持ちにも届くような言い回しをいろいろなところでしているな、という気がします。他方で安倍総理は、津田梅子が一〇年間アメリカで学んだにもかかわらず、帰国後の日本で公職に就けなかったことには触れないわけです。

全体のトーンとして、明治以降の一五〇年間の歴史を一枚岩のように捉えて、戦前の女性たちが明治民法体制下において、どれだけ非人間化されてきたかということを全部忘れさせようとするような言い方だと思っています。

　年頭所感では、ほかにも「一億総活躍」という言葉を使っていますが、その一環として安倍政権は二〇一六年に女性活躍推進法をつくっています。今回の「明治一五〇年」で政府はしきりに女性の活躍を言うわけですが、現在の少子化や経済的問題を「国難」と捉えて、それを「克服」するために、女性たちに産め、働けと要請しているように思います。女性が働き続けながら安心して出産・育児ができるようにする――このこと自体は、男女共同参画フェミニズムも求めてきたことです。しかし、国の側が「希望出生率一・八」とか、五〇年後に一億人程度の人口を目指すなどと打ち出してくるのは大変危険だと思います。多様性のある個人の尊厳やＬＧＢＴといった存在を押しつぶしてしまう。戦後女性史研究は、戦前の女性たちが、自らが受けていたジェンダー差別ゆえに、権力への参加を「解放」と見誤って戦争に加担してしまったという苦い歴史を明らかにしてきました。そのような足元をすくわれた歴史を知っている者からすると、今は非常に危ういところにあるな、という思いをもっています。

**原田**　わたしは自分の論文で、官邸ＨＰ内の「明治一五〇年ポータルサイト」に載っているアニメ「明治ノベーション」を紹介しています。近世史研究者である東京学芸大学の大石学さんが監修者になっているんですが、要するに明治維新でいろんなことが変わりました、たとえば学校ができましたとか、鉄道ができましたとか、そういうことを紹介するアニメです。そのアニメを見て、女性史を学ぶ人たちは怒るだろうなと思ったのは、洋装を紹介する部分ですね。男性の洋装と女性の洋装はその導入にものすごくタイムラグがあるにもかかわらず、男と女は明治のはじめから同時に洋装化しているというアニメになっています。本当に歴史が、何て言うのかな……歴史の実際とは違う、まさに頭の中に浮かんだだけのものをパッと出してしまって、それを国民に刷り込ませようとしているように見えて驚いたのですが。

**平井**　今原田さんがおっしゃった洋装に関連する資料を三点もってきました。一つは国立公文書館の「躍動する明治――近代日本の幕開け」という展示のポスターで、二つ目が千葉県立関宿城《せきやどじょう》博物館の企画展のイメージキャラクターの画像、三つ目が茨城県立歴史館のギャラリー展ですが、どれも洋装の女性を――茨城県立歴史館のものは、顔が無くドレスだけですが――うち出してくるんです。関宿城博物館の企画展のタイトルは「文明開化の力――わたしたち、江戸時代を卒業します！」で、女性が文明開化で洋装化して一気に解放されたというイメージが作られています。茨城県立歴史館のほうもＨＰ上で、「四民平等を理想にかかげた明治の改革は、それまで歴史の表舞台に出てこられなかった女性たちにも活躍のチャンスを与えました」として、「ドレスを身にまとった宮中女官・香川志保子」など、四名の女性を先駆者として紹介しています。

大江さんの論文では、国と地方の「明治一五〇年」に対する姿勢が必ずしも整合しない福島県などの事例も述べられていますが、女性史の観点からは、明治イコール近代化イコール文明化、そして女性の洋装化、女性の解放という方向で、国と地方が一致しているような印象をうけます。

**長**　わたしは、最近よくグーグルで「明治一五〇年」と入力して検索しているんですが、この一カ月ぐらいで観光や地域おこしに関する新聞やメディアの報道がすごく増えてきているように思います。そこで典型的なのは女性をアイキャッチ――要するに目立つ形で使うというパターンです。ジェンダー研究ではよく言われることですが、広告に使われるのは圧倒的にファッショナブルな若い女性です。平井さんが準備してくださったこの「明治一五〇年」のポスターは典型的ですね。もちろん実際の展示ではいろいろと工夫されているとは思うのですが。

**原田**　今日の午前に、この国立公文書館の展示

**上左：図1**　国立公文書館「躍動する明治――近代日本の幕開け」展ポスター
**上右：図2**　千葉県立関宿城博物館「文明開化の力――わたしたち，江戸時代を卒業します！」展のイメージ画像
**左：図3**　茨城県立歴史館「近代茨城を彩った女性たち」展チラシ

を見てきたのですが、廃藩置県などの政治史の資料が並んでいたり、迎賓館の椅子が置いてあったりするだけで、女性なんて出てこない（笑）。

**長**　このポスターは、広告会社に丸投げしているのかもしれないですね。

**原田**　確かに。関宿城博物館はよく見るとけったいな絵です。女学生はえび茶袴と靴なのでおそらく高等女学校の生徒。だとすると明治一〇年代以降になるけれど、男の人はコートを着ているのに靴じゃなくて草履を履いてるんですよね。

**中澤**　イメージで作っているんでしょうね。

**平井**　今回、全国の「明治一五〇年」事業にどのくらい女性名が出てくるのか調べてみて気が付いたことを、ここで話させてください。六月二七日に東京国際フォーラムで内閣府男女共同参画局が「男女共同参画社会づくりに向けての全国会議」を開催したのですが、そこで「明治期に活躍した女性」と題したパネル展示が行われました。誰が取り上げられたか知りたくていろいろ調べたのですがネット上に無くて、直接男女共同参画局に電話をして教えてもらいました。津田梅子・広岡浅子・荻野吟子・吉岡彌生・下田歌子・樋口一葉・平塚らいてう・与謝野晶子の八名です。政府の考える「明治期に活躍した女性」は、このような人たちだと思われます。

　ところが、地方自治体の取り組みには、女性があまり出てこない。この点、政府と地方の関係は「笛吹けども踊らず」といった状況ですが、二点、気になることがあります。一つは、「おりょう」つまり坂本龍馬の「妻」に焦点を当てた取り組みが所縁《ゆかり》のある近江八幡市と高知県芸西村で開催されています。近江八幡市の場合、英語教師として来日した後、数々の西洋建築を手がけたアメリカ人ウイリアム・メレル・ヴォーリズの妻・一柳満喜子も取り上げていて、維新・近代化に貢献した男性に伴走した女性という位置づけがあるように思います。

　二つ目は、山口県が募集した「幕末・明治期に活躍した若者・女性の掘り起こし調査」事業です。平成二九年度は三団体が選ばれ、その一つに地元の学生グループによる「山口洋装文化の礎を築いた女たちの明治維新──毛利勅子《ときこ》、中村ユス、香川昌子を中心に」が入っています。ここでも「洋装化」がキーワードになっています。これはまさに政府の施策──「日本の各地域ごとに、明治期に活躍した若者や女性、外国人を掘り起こして光を当てる」──に即したものだと思います。わたしは当初、この掘り起こし事業に全国の地域女性史グループが活用されるのではないかと大変危惧していましたが、それは杞憂に終わったようでほっとはしているのですが……。

## ▼「明治百年」と「明治一五〇年」③
## ──アジアの視点から

**中澤**　第8章の長さんの論文は、明治の歴史が大正・昭和を通じて絵画という形で可視化される過程を論じたものですが、可視化・不可視化という観点から、「明治百年」と「明治一五〇年」をどのようにご覧になりますか。

**長**　今回「明治百年」についていろいろと調べてみた中でいくつかおもしろい史料をみつけました。「明治百年」の記念行事を作る準備途上での全国知事会議の文書が残されていて、ちょっと驚いたのですが、知事会議の議論では明治という歴史の共有に関して明らかにみんな違和感を持っている。一九六八年ですから、近代化の達成の違いがやっぱりかなりあるのではないかと思います。そうすると、東京ではイベント主義なのですが、多くの地域ではこの機会に道路を通そうとか、文化施設を作ろうとか、歴史に関係あることでは県史編纂などの動きが多い。

もう一つおもしろかったのは、そこで「明治百年」を祝う意義は、単に明治時代を古き良き時代として顧みるだけではないと言っている、要するにワンクッション置くんですね。この時、政府は高齢者の慶祝記念式も行っているのですが、一〇〇歳の人もたくさんいて、まだ明治の歴史に関するさまざまな亀裂が残っていた。歴史を完全には弄ぶことができなかったということだと思います。

そういった視点で「明治百年」を見ていくと、いろいろとおもしろいことが多い。一方、今の「明治一五〇年」は明治を生きた人はいませんから、歴史を弄んで構わないということになっています。一五〇年の歴史を単線化、換骨奪胎して、右肩上がりの歴史であったかのような物語を紡ぎ出していく。これは歴史の利用です。歴史研究者は批判するしかないでしょう。

**中澤** なるほど。そのような視点からは、第3章の関原正裕さんや第5章の加藤圭木さんが論じている、朝鮮半島やアジアから「明治一五〇年」をどのように見るかということが非常に重要になってくると思うのですが。

**長** 「明治百年」のイベントではいろいろな地域が出てきますが、改めて思ったのが沖縄県の不在と帝国の不在です。ジェンダーの問題は先ほど議論になりましたが、そのことを含め、「明治百年」では誰もその不在に関心を向けていない。

ただ、「明治百年」では歴史の編纂ということがよくいわれて、日本の文化を歴史的に検証する記念館のようなものが構想されたのですが、その時に朝鮮・中国・南洋を入れよという議論があった。これは実現しなかったのですが、とにかく途中経過ではそういう議論があった。やっぱり、まだ記憶が残っているんですね。ただ、それは反省的な帝国意識ではなくて、延長的な帝国意識です。先ほど原田さんが言われたように、一九六八年は日本とアジアのさまざまな経済的接触が深まりつつある時期で、アジアとの負の記憶が、過去の栄光の記憶として組み替えられて喚起されようとしていた。「明治百年」を丁寧に見ていけば、そのような側面が見えてくるのではないかと思います。

**大江** 今、長先生から「明治百年」の時には延長的な帝国意識があったというご指摘があったのですが、実は「明治一五〇年」の県と市町村の対応で、アジアに対して言及しているのは神奈川県と長崎県だけなんですね。うち、特別展を行うのは神奈川県のみで、県立図書館でマリア・ルス号事件（一八七二年、横浜に寄港したペルー船マリア・ルス号による清国人労働者の輸送を奴隷貿易とした日本政府が、彼らを解放した事件）の時に清国から神奈川県権令に送られた旗を展示します。長崎は常設の「長崎近代交流史と孫文・梅屋庄吉ミュージアム」で企画をするとあります。この二つも中国に限られていて、朝鮮、台湾、南洋は皆無です。延長的な帝国意識すらもうなくなって、アジアがスポンと抜けている。地方だけでなく、もちろん政府も抜けています。

**中澤**　わたしたちの歴史認識の中から、政府においても自治体においてもアジアがぽっかりと抜け落ちている。それは可視化・不可視化の話とは別の問題なのでしょうか。つまり、意図的に忘却しているのか、あるいは全く忘却したものなのか。

**長**　自治体史に関わると、皆さん経験おありと思いますが、ごく普通の町場の近代文書のなかに植民地の史料がでてくるんですね。小作人に対する銀行の貸付書類にハングルの署名があったりする。府県の事業でも西日本では、漁民に補助金を出して朝鮮の漁村に移住させる政策をとる。一九九〇年代後半から二〇〇〇年代の自治体史は、地域と帝国の関係を意識的に地域史に組み込んでいると思います。

ただ「明治一五〇年」の企画に関して言うと、そういった帝国という構造のなかの括弧付きの「日本人」のさまざまな営みはほぼ見えない。先ほど話題になった企画展のポスターは明らかにイベント業者の問題、つまり広告業界やテレビ業界などのメディアの「ノリ」が影響していると思います。ただ自治体でいろいろな事業をする場合には、政府からお金がでている企画といっても学問的な裏付けが一定あるわけで、なぜアジアの問題が大江さんがおっしゃったようにこれほど抜けてしまうのか。わたしたちの歴史認識の問題として考えないといけないなという気がします。

**中澤**　これは、まさに無意識の問題でもありますね。たとえば、ＬＧＢＴの人たちに関して生産性がないと言った自民党の議員がいましたが、全くあの感覚なのかなと思うわけです。わたしたちの歴史認識からアジアが抜け落ちているのと同様に、ジェンダーの問題からＬＧＢＴの問題がぽっかりと抜け落ちてしまう。平井さんから見るといかがですか。

**平井**　近代国家が形作られるときに徴兵制度導入などで、すべての人びとを「男」と「女」に二分化しましたが、人びと自身がそれをあたかも自然なもののように内面化したことが大きいのだと思います。第一波フェミニズムが男女平等な異性愛という枠組みの中の運動であったのに対して、第二波フェミニズムは近代が捏造《ねつぞう》した「母性」や「女性性」を問い直したのですが、それでもジェンダー二元論を無意識のうちに前提としてきたように思います。その延長線上に現在のわたしたちもいる。だから一九九〇年代の米国から起こった性的指向や性的自認の多様性を可視化するクィア理論は、これまでのフェミニズムとジェンダー論に大きな見直しを迫っていると思います。

### ▼「明治百年」と「明治一五〇年」④
### ――新自由主義の視点から

**小沢**　この本のタイトル『創られた明治、創られる明治』の元になっているのは、ホブズボウムとレンジャーが編集した『創られた伝統』(紀伊國屋書店)という本ですね――あの翻訳はけっして褒められたものではなく、そのような本のタイトルをまねするのはわたしはあまり好きじゃないのですが(笑)。あの本の原題は『インベンション・オブ・トラディション』*The Invention of Tradition* です。もともと「インベンション」には「創造する」と同時に「捏造する」という意味もあるので、当然『伝統の捏造』と訳してもかまわないわけです。

その意味で言うと、「明治百年」や「明治一五〇年」はそもそも歴史学の問題ではない。歴史学は一〇〇年や一五〇年といった切れ目で発展するものではないのですから。わたしは周年記念歴史学と呼ぶのですが、これはドイツ語圏で歴史政策とか過去政策と言われるものの対象です。つまり、六八年には六八年の時点での歴史政策があり、現代には現代における歴史政策があるわけで、その差異は何か、と考えるべきだと思うんですね。

女性や地域の観点から言うと、「明治百年」の一九六八年の時には、そういった問題も基本的には経済成長の量的拡大の中で解消できると考えていた、そういう時代だったんですね。もちろん実際には解消はされないですよ。でも、あえて問題にしなくても、パイの分け前が大きくなっていけば、自動的にある程度は吸収できるという考え方があった。それが「明治一五〇年」のいまではそういうわけにはいかない、ということだと思うんですね。

「明治一五〇年」における女性活躍推進についても、単に文字通りに捉えると間違いで、これは個人を主体としたリベラルフェミニズムでやっていくんだという政府による明確なメッセージですよ。だから、リベラルフェミニズムの部分を批判しないと、現在の政府の政策を批判したことにはならない。もちろんリベラルフェミニズムという枠の中ではジェンダーは受容されるわけですが、クィアなどはその枠外になるので、それこそ理解ができないと言うか、批判の対象になる。

だからわたしは「明治百年」や「明治一五〇年」においていろいろな問題が隠蔽されているのではなくて、むしろ明確に選択的に示されていると考えるべきだと思っています。

地方の問題でも、一九六八年の時期は基本的には「国土の均衡ある発展」が唱えられ、いわば右肩上がりで成長してゆくなかで、格差はだんだん是正されていく……そういう考え方だったと思います。一方現代では、地域間競争の促進が地域政策の特徴であるわけです。地域の問題は、そういった文脈のなかで出てきていると考えなければ間違えるのではないかと思うのです。

**中澤**　そのような文脈で考える時には、新自由主義がキーワードになるということでしょうか。

**小沢**　基本的にはそういうことですね。地域の話は、地域が新自由主義の国家に奉仕する限りにおいては出てくる。けれど、それは昔のような郷土史などの枠組みの話ではなくて、地域振興とかイノベーション政策などの中に明確に位置付けられて出てきているわけです。

**中澤**　「明治百年」と「明治一五〇年」を分ける一つのポイントが、新自由主義という新しい文脈だということですね。現在は、政府の意向に沿うものだけが金になるという状況であり、その下で取捨選択が行われ始めているということですね。最近大きな問題になっている公文書の廃棄なども、広く言えばその文脈で考えることができるかもしれません。大江さんは「歴史のエンタメ化」ということを言われていますが、そのこととの関連でどのようにお考えですか。

**大江**　新自由主義との関連で見ていくと、そうですね……。「明治百年」の時はやっぱり遺跡の修復・保存などのインフラ系の事業が多かったのですが、「明治一五〇年」ではいままで未公開にして大事に保存していた建物を公開するなどの事業が多い。保存よりも、見せることに移り変わっているということは一つ言えるかなと思います。県レベルでは五つ、市町村レベルでは二〇から三〇ぐらい特別公開イベントが確認できます。

あともう一つは、人を呼ぶためならば何でもいいという傾向です。本来の文脈とは離れたイメージ先行のイベントもすごく多い。「明治一五〇年」に対する歴史観は異なりますが、「明治一五〇年」を正面から受け止めている山口県下と福島県下が突出しています。単純化しやすいリソースが豊富なせいでしょうか。会津は欧米人にサムライに着替えさせてサムライ体験をさせる「サムライスピリット・ツーリズム」。防府市の防府競輪では、明治維新一五〇年記念キャッシュバックキャンペーンというものをやっていて、開催中に五万円以上投票した人の中から、五名に一万四一五〇円──「維新一五〇年」──をキャッシュバックする（笑）。

あとは、全国的にコスプレ系のイベントも目立ちます。たとえば神奈川県の観音崎公園の「はいからコスプレと砲台撮影会」は明治の扮装で観音崎砲台を散策するとあります。さきほど女学生の服装の話が出ましたが、まさに砲台とハイカラというイメージだけの組み合わせですね。新自由主義的というのは少し大げさかもしれませんが、お金儲けというか、人を呼べればなんでもいい、というような歴史的に見て空虚なイベントも見受けられます。歴史認識すら市場原理にさらされて消費されている、いわば「歴史認識の市場化」ともいえる事態が顕在化したように思います。それは白か黒か単純化ができてしまうストーリーを持っている地域に顕著かもしれません。そこでは物事が起きた背景や、存在するはずの複雑な経緯はすっとばされます。歴史の入り口として楽しさが必要なことは経験上、よくわかります。ただ、楽しさが市場化されすぎることを憂います。

**長** 京都大学の佐藤卓己さんなど社会学の人たちは「明治百年」をメディアイベントのはしりだと言っていますね。いま大江さんがいわれた「歴史のエンタメ化」ということも含めて、いまの「明治一五〇年」ではさらに拍車が掛かっている。加えて先ほどから言われているように地域間で競争をさせられるので、博物館などの現場は、この企画ならば政府からお金が出るだろうと思ってしまう構造を強いられているのかもしれない。そのような状況の中では、博物館も含め研究が積み上げてきた歴史は──わたしたちこそが「本当の歴史」をやっていますと言っているわけではないのですが──看過される。そんな力学が働いてしまっているのではないでしょうか。

**中澤**　競争を促されているという点では、まさに大学もそうですよね。原田さんは論文のなかで文化財保護法の改正についても触れられていますが、これもいま話している一連の、新自由主義社会のなかでの地域と政府との関係のなかで出てきている問題として考えられるのでしょうか。

**原田**　すべてが市場主義的に理解されるというか、大学でも人間を育てるのではなくて、人材養成という言い方がされるようになっています。文化財も文化資源と言い換えられて、いかにその資源を元に集客し、お金を引っ張ってくるかということになっている。たとえば博物館は二一世紀に入って独立法人になったころから、成果をきちんと出さなければいけないということが強調されるようになった。京都の国立博物館が二〇〇二年に「雪舟展」をやったのですが、その時に美術史の大家が、「あんなもの最初にやったら、それを上回る集客はあり得ないのに、何であんなものをやったんだろう」と愚痴をこぼしていました(笑)。ただ、そういう傾向がアベノミクスのなかで加速しているということはあるけれど、さまざまなものを市場主義の中に放り込んでしまうという流れは、それ以前からあるのではないでしょうか。

**中澤**　第4章の横山伊徳さんの論文を拝読していると、ちょうど主権国家が確立する明治と、その主権国家の形が大きく変容している現在との間に、つまり明治の初期と平成の終わりとの間に何か一つの類似点を見ていると思うんですね。他の皆さんの論文も拝読して、また今日の座談会を通しても、現在の「明治一五〇年」が、明治のような歴史的な転換点、政治の変化と経済の変化の結節点に位置しているが故に、これほど多くの問題が噴出しているように見えるのではないか、というように思いました。

## ▼歴史学と社会のつながり

**中澤**　一通り論点が出そろったようにも思います。みなさん、今日の座談会を受けての感想をそれぞれうかがえますでしょうか。

**石居**　長さんが「明治百年」よりも「明治一五〇年」の方がずっと単線的な右肩上がりの歴史観だとおっしゃったことが印象に残っています。わたし自身「明治百年」を追いながら思ったのですが、やはり一〇〇年の間にあった「過ち」に触れてはいるのですね。もちろん、一九六八年が、明治以来の一〇〇年を生きてきた人びとが存命の時代であり、とりわけ具体的な「過ち」である戦争の経験や記憶がより鮮明な時代だったということが大きいわけで、やはりそういった「過ち」を白々しく放置した歴史観を提示することへの躊躇《ちゅうちょ》があったのではないかと思うのです。ただ、そのときに持ち出された「過ち」が、「百年」のなかで、加害と被害の双方を生みだしていったというようなイメージには結びつかず、国民が戦争によって多大な被害を受ける事態を招いたという一面に集約されていった。これが「明治百年」の歴史観の一つの特徴であったかと思います。

わたしの論文では、「われわれ」の歴史学から「わたし」たちの歴史学へという流れを論じたわけですが、これは史学史にとどまらず、「わたし」たちが歴史研究に取り組むスタンスの問題を論じたつもりです。そのような観点から「明治百年」と「明治一五〇年」とを眺めると、歴史学界が社会的な役割をうまく果たせていないのではないかという思いを禁じえません。これはいわゆる科学運動をうまく展開できていないといった意味にとどまるものではなく、社会に対する歴史学の訴求力そのものが足りていないという問題です。

「明治百年」の時は、それに対抗して「われわれの歴史学」を構想した訳ですが、同時に、「われわれ」がうまく社会とつながれずに「われわれ」だけになってしまったという危機感も、いだかれていました。これは、一つの見識だと思います。しかし、その「われわれ」すら成りたたない「明治一五〇年」の情況のなかで、より深刻な形で課題が突きつけられているのです。社会が変わり、歴史学もまた変わってゆくなかで、歴史学に何ができるのかということを、あらためて、根底に近いところから考える必要があると思っています。

**中澤**　石居さんの論文に「明治百年」における歴史学界の取り組みを評した色川大吉さんの発言が紹介されていましたね。日本の歴史学界は、「一般の国民」に届くような「積極的な像」を提起することに関する蓄積が乏しい、八割程度は「虚偽意識の暴露でいい」が、残りの二、三割は「未来への出口を明確に提起するような形での反対運動」を組み立ててほしい、と。石居さんは論文の最後で「「わたし」たちの歴史学」を提唱されていますが、それも歴史学はどのようにすれば人びとに届くのか、という危機感に基づくものだと理解しました。

**原田**　石居さんの言われた、社会に対する歴史学界の訴求力が足りないという話は、多分もっと深刻で、歴史学だけではなくて学問自体が問われているのだと思います。それは「三・一一」以降の状況でもあるわけですが、また別の面から言うと、一九四五年に広島・長崎に原爆が投下されて以降、われわれにとって学問とは一体何だろうかということを必ずしも十分深めてこなかったことが「三・一一」を経てより明確に突き付けられているということです。そういう意味で国家が紀元節や皇紀二千六百年、また「明治百年」や「明治一五〇年」を持ち出してくることは、わたしたちにとって反面教師と言うか、そういった問題を深く考えるチャンスになっているという気もします。

先ほど新自由主義の話も出てきましたが、新自由主義的な市場に放り込まれて、地域間で競争をあおられるなかで、沖縄のように政府から捨てられる地域と、政府と一緒になってうまくやってゆく地域とに分断されているのが、いまの状況ですよね。「言うことを聞くなら助成金をやる」と勝手なことをいう――助成金はそもそも国民の税金ですが――、そういう連中が選挙で勝ってしまうという、この状況にどう向き合えばいいのか。

### ▼分水嶺としての明治

**原田**　「明治百年」や「明治一五〇年」を考えるためには、明治維新とは何だったのかということをきちんと考える必要があって、実は明治維新はたしかに大きな政治改革ではあったかもしれないけれど、社会変革としてはたいしたことではないんですよ。横山さんが論じられているように、明治維新の理想とはせいぜいが「万国対峙」です。要するに相手に対してのわたしという構図であって、カウンターカルチャーですよね。横山さんは、そのような日本に対して、中国は「万国対峙」を内面化しようとして苦闘したと指摘しています。日本はやっぱりそこがうまくできていない。

**長**　いまの原田さんのお話を引き受けて言えば、要するに果たして明治は過去と現在を区切る分水嶺になっているのかという、多分そこが大きな問題なのかなと思います。わたしは一九八一年に大学に入学したのですが、その頃は明治維新はブルジョア革命か否か、という論争もあって、明治とは過去と現在を区切る分水嶺であるというぼやっとしたイメージがありました。

現在の明治維新研究では、近世史のみなさんがめざましい仕事をされています。たとえばつい最近出たばかりの横山百合子さんの岩波新書『江戸東京の明治維新』では、身分制を解体しようとしてもきちんとできないし、さまざまな政策を行おうとすれば、直近の仕組みを保持せざるを得なかった明治維新の様子が描かれています。実際にいろいろなことが変わってゆくのは、もっと後のことなんですね。政治史的にも社会史的にも明治維新が分水嶺になっていないことは近年の研究ではっきりしているのですが、これまでの歴史学は明治維新を分水嶺としてそれを前提に議論をしてきてしまった。そのことは自覚すべきだと思います。

それから、先ほど小沢さんが言われたリベラルフェミニズムの問題ですが、女性活躍や男女共同参画など、この二〇年ぐらいさまざまな形でフェミニズムの思想性は社会改革の基本にあったと思います。ところが見えやすい形では、換骨奪胎されて、政府の政策になっていく。そのことに対するフェミニズムの側の内在的な批判や議論はたしかに必要だと思います。

だけど、安倍政権が謳う「女性活躍」についてはまずはその虚偽性を暴いていく必要があるわけです。つまり、安倍政権の施策はそもそもリベラルフェミニズムのレベルに達しているのか、という議論が必要だと思っています。

**平井**　わたしも先ほどの小沢さんのリベラルフェミニズム批判の必要性については重要だと思うし、賛成です。そのうえで、二つほど述べておきたいことがあります。一つは原田さんがおっしゃることとも関係すると思うのですが、戦争ができる国づくりに、男女共同参画が使われているということです。近年、女性自衛官の比率が右肩上がりに増加していて、今年六・五%を超えました。防衛省では、女性自衛官のワーク・ライフ・バランスをどう整えるか、といった政策とともに女性の配置制限の見直しを進めている。今年の夏には、航空自衛隊の戦闘機パイロットが女性に解禁されたということも話題になりました。潜水艦もそうですね。そういう意味では、戦争にも男女の差なく活躍してもらおうじゃないか、という政策に対して、日本のフェミニズムが有効に反論できるかというと、いまはできていないんですね。それは課題だと思っています。

もう一つは、長さんが言われた通り、安倍政権が言う男女共同参画というのは、偽物と言うか……。彼は二〇〇五年五月に自民党が主催した「過激な性教育・ジェンダーフリー教育を考えるシンポジウム」で、ジェンダーフリー教育が「家族の破壊」を招くとした上で、男女共同参画社会基本法の中に「暴走する状況を生み出す何か、ある種のＤＮＡが埋め込まれているのではないか」と述べるなど、ジェンダーフリー・バッシングの先頭に立っていた人ですから。たとえば改憲問題では九条がよく問題になりますが、自民党案では家庭における個人の尊厳と両性の平等を定めた二四条に、それを骨抜きにするような「家族は、互いに助け合わなければならない」という条文を入れています。また、三世代同居を理想として税制も優遇するとか、あるべき家庭像を国が国民に示す家庭教育支援法というものを立法化しようとするなどの動きがあります。明治的家族——幻想ですが——に対する保守派の郷愁を混ぜ込みながら、一見男女平等が謳われているように見せてしまう。今回の「明治一五〇年」事業も、そういう安倍政権のジェンダー政策と一連のものだと思っています。そこを見逃してはならないと思います。

## ▼歴史の担い手

**大江**　座談会での議論を踏まえて思ったことが二点ほどあります。まず「明治百年」と「明治一五〇年」ではアクターが違っているのではないかということです。石居さんや割田さんの論文では「歴史の担い手」という言葉を使いながら、「明治百年」への反対運動が構築されたことが述べられていますが、「明治百年」の時の担い手とは、反対運動の担い手を含めて、政府・自治体・アカデミズムだったと思います。ただ、そこでは「受け手」のことが考えられていなかった気がするんですね。それに対して「明治一五〇年」では、政府・自治体・アカデミズムという従来の担い手に加えて、多分「歴史を楽しむ人たち」が入ってきて、四層構造になっているんです。

そうやって担い手が分散したことによって、「明治一五〇年」では「明治百年」とは何か別のことが起きているんですね。この「歴史を楽しむ人たち」は、いわゆる「歴史の物語化」に乗っかっている人たちかもしれません。割田さんの議論では、担い手たちの反対運動によって「明治百年」は失敗したわけですが、今回の「明治一五〇年」では担い手が分散したことによって、成功するのか失敗するのか、そのところを見ていきたいと思っています。もちろん、何をもって成功とするのか、失敗とするのかという問題はあるのですが。「歴史を楽しむ人たち」の中核には「歴女《れきじょ》」、「歴男《れきお》」がいると思いますが、企画側には、この層を楽しませないとならないという「歴史の受け手」を意識した企画が目立ちます。「明治百年」の時にはほぼ存在しなかった考え方です。「歴女」増加の背景や、その歴史認識も歴史的に押さえるべきですが、こうした人びとの存在と、新自由主義ががっちり組み合って、「本当にあったこと」からジャンプしているかもしれない「楽しい歴史」を消費していくのが、「明治一五〇年」イベントの特質の一つではないでしょうか。

もう一点は、先ほどの議論のなかできちんと応答できなかったのですが、「明治一五〇年」への地方対応の中から、アジアやセクシュアルマイノリティという観点が抜け落ちてしまっていることについてです。これは平井さんの議論をうかがいながらわかったように思うのですが、「ナショナルヒストリー」と「地域の歴史」の間でずれるポイントと、ずれないポイントがあるんですね。その意味では、アジアやセクシュアルマイノリティについては、「ナショナルヒストリー」と「地域の歴史」の間のずれはなく、両者ともに欠落しているわけです。その理由は、いまの社会の構成要素を地域社会がどう捉えているかと関わる気がします。神奈川県と長崎県の「明治一五〇年」対応にのみアジアが入るのは、歴史的に見てアジア、アジア人が社会の構成要素として欠かせないという実感があるからかもしれません。地域社会の担い手として実在してきたアジア人です。いっぽう他地域では、現在の地域社会における担い手の多様さに――アジアの人びともセクシュアルマイノリティも社会の担い手として存在しているのに――、歴史認識が追い付いていないような気がします。だからこそ、第5章の加藤圭木さんの論文は、歴史的に形成されたアジアとの関係と、今日の前で起きていることとが実は結び付いていると いうことを論じようとしているのだと思います。ただ、それらを有機的に結び付ける回路がまだ——これはアカデミズムが仲立ちすることなのかどうかもわからないのですが——、できていない。

**長**　「歴史を楽しむ人たち」はとても大事な視点で、「新しい歴史教科書をつくる会」はその部分を利用しようとしたんですね。わたしが明治聖徳記念館の絵画を論じようと思ったのは、要するに「つくる会」の教科書がそれらの絵画を自由自在に引用しているからです。ただ、実は戦後歴史学の側も、自分たちの側の歴史教科書にその絵画をのんきに貼ってきていたんですが。

**大江**　先ほどコスプレなどの「明治一五〇年」企画を批判的に紹介したのですが、実はわたしは「歴女」出身なので参加したら楽しいだろうな、と思うんですね(笑)。でも「明治百年」の企画は年史編纂など渋いものが多くて、「歴女」にとってはあまり楽しそうじゃない。わたしは司馬遼太郎の幕末物由来の「歴女」ですが、昨今「歴史を楽しむ人たち」が増えてきたのには、やっぱり「つくる会」の影響が大きいんでしょうか。

**長**　影響力かどうかはともかく、歴史でここまで遊んでいいのだという風に歴史学をひらくきっかけを作ったのは、「つくる会」だと思います。歴史は儲かるってみんなが気付いたわけですし、やっぱりすごいことですよね。

**原田**　でも「明治一五〇年」で官邸が知恵を出してもらうために呼んだ人は、山内昌之さんや筒井清忠さんであって、決して「つくる会」の人たちや、今回問題になった『新潮45』で書いているような極端な人たちではない。実はそこが大きな問題で、「明治一五〇年」の議論に女性や地方が入っているのは、おそらく山内さんや筒井さんが、戦後歴史学が獲得してきた視点を上手に取り込むように入れ知恵をしているからです。

**長**　わたしが「明治百年」の取り組みを見ていて思ったのは、やっぱり反対する側も近代化批判が弱いということなんですね。どのように近代を作るのかという構想は問われるけれど、近代そのものの価値が批判されることはないわけです。わたしがジェンダー研究をおもしろいと思う理由は、根底に近代批判があるからですが、「明治一五〇年」では、戦後歴史学が内包しているさまざまな問題をとりあえず括弧にくくった上で、対抗的な近代構想ではない形で、反対の動きを作れるんじゃないでしょうか。

**原田**　おっしゃるとおり、根底的な批判という点では、「明治百年」の時の方が弱かった部分があったと思う。行政の問題にしても、帝国の問題にしても、あの段階での日本近代史研究の焦点は、日露戦争以降の日本しか捉えていなかったわけです。アジアの問題として捉えないから日清戦争が入ってこなかった。いまのわたしたちなら気が付くことだけれども。

ただ、いまは「明治百年」に比べて、やっぱり学界の動きとしてはものすごく鈍くて、学会連合で反対声明を出すような状況では全然ない。今回のように四者協でやるしかないという、ある意味ではわれわれは孤立した戦いをしている気もします。ただ、批判のメスは研がれている。それが未来への希望です。

## ▼「明治一五〇年」が問いかけるもの

**中澤**　先ほども申し上げましたが、わたし自身は今回みなさんの論文を拝読して、また今日の座談会を通して、いままさに国家の形が大きく変容していく時代にさしかかっているという思いをもちました。だからこそ、主権国家が確立する時期である明治が呼び出されるのではないか。ただ、実はこの変容自体は「明治百年」の一九六八年のあたりから始まっていたのではないかと思うんですね。

資本主義の展開という観点から考えると、明治における主権国家の確立期とは、やがて独占資本主義が興って帝国主義が始まる時代ですよね。それに対して現在は、その独占資本主義と帝国主義が終わって新自由主義という新しい歴史の段階に到達した時代とも言えます。明治期に確立した国家や国民の変容が始まっているわけで、だからこそこれまで隠蔽されていて見えなかった地域やジェンダーの問題などが見えるようになってきたと考えられないでしょうか。そして、それが噴出する時期が、ちょうど「明治百年」と「明治一五〇年」の時期であり、それ故に歴史認識の問題が構造的に見えやすい瞬間だったのではないか、というのがヨーロッパ史を研究してきた立場からの実感です。あくまでも実感ではあるのですが、このように考えることで、「明治百年」と「明治一五〇年」の比較にとどまらない、もう少し長い間隔で問題を捉えられると思っています。

明治が果たして分水嶺なのか、という先ほどの提起もおもしろいですね。ヨーロッパで明治維新に対応するのは、時期の上では一八四八年革命だと思うのですが、わたしがいままで書いてきた論文では、一八四八年革命を歴史の分水嶺としては考えていないんですね。古くからの原理が多く残っているその上で、国民形成が行われている、と考えることで理解できることがたくさんあります。ですから、明治維新や明治を研究する際に近世を踏まえて検証していく必要があるという話は、とてもよくわかる。

**小沢**　明治維新が分水嶺かどうか、という話では、アメリカのアーノ・メイヤーという研究者が『旧体制の執拗な持続』*The Persistence of theOld Regime: Europe to the Great War* という本を一九八一年に書いています。その本によれば、アンシャン・レジームは一九一四年まで続いたということなんですね。古いものが利用されながら存続していくという問題は、世界史に共通していると思うのですが、それは近代自体をどういうものとして考えるかという問題にも関係してくるわけです。

「明治百年」にせよ「明治一五〇年」にせよ、顕彰や記念がなぜ必要になるのかといえば、それはその時代の国家の正統化戦略として要請されるからです。「明治一五〇年」の現在でいえば、それは新自由主義国家としての制度や戦略という形をとるのだろうと思います。そのときの眼目は三つあって、それは、近代化と大衆化とグローバル化です。

一つ目の近代化――より具体的には近代化論ですが――については、「明治百年」の時には多くの人たちが近代化論に批判的な立場に立って懸命に考えたのですが、五〇年たってみると、近代化論でもいいじゃないかという話になってくるわけです。冷戦期の西側の議論であった近代化論に抵抗感がなくなっているように見えます。

二つ目の大衆化ですが、これは先ほど石居さんが言われたことと非常に関係しているのですが、大衆化論は階級の否定から始まっているわけです。階級社会ではなく、大衆社会という形で問題を把握しようということですよね。「明治百年」の時にもそういった議論はあったわけですが、それに対して、簡単に大衆化論に取り込まれない形で戦線を設定しようとしたのが五〇年前の歴史学だった。では翻っていまのわれわれは、大衆化といわれる状況の中でどのような対抗軸を設定できているのかが問われるわけです。石居さんはそこで「わたし」たちの歴史学」と言うわけですが、それがうまくいくかどうか、つまり階級という拠点が解体されつつある状況の下で、それでも別の歴史像を打ち出すことが可能か、ということが問われている。

三つ目はグローバル化という問題ですが、これは多分五〇年前の「明治百年」の時にはほとんど出てこなかった、「明治一五〇年」の特徴だと思います。ただ、このグローバル化を主権国家の揺らぎと見るのは、まだちょっと早い。わたしは新自由主義国家というのは、グローバル化に対応するために、国家権力が、市場国家・市場駆動国家という形で改めて競争主体として自らを打ち出さざるを得ない、そのような国家だと考えています。

近代化論や大衆化と同様に、このグローバル化に対しても、われわれは何を提起できているのかということが問われているわけです。

この三つを踏まえることによって、先ほど申し上げた歴史政策の方向性をわかりやすく解釈できるかなと思っているのですが、それをきちんと把握して批判し切れていないというのが、いまの議論の状況だと思っています。

歴史政策という観点からは、いま出されているような一見古いものが、実は古いものではないということが見えてきます。たとえば、いま家族の役割というものが改めて強調されているということについては、やっぱり新自由主義国家における補完性原理という観点から考えるべきことなんです。個人でできることは個人で、家族でできることは家族で……というパターンが、その後も近隣の人びとや基礎自治体や広域自治体などのレベルで繰り返され、国家は最後に出てきて補完する、というのが新自由主義国家における補完性原理の基本的な考え方です。そうすると、個人でできないものはまず家族、そして近隣で解決しろという考え方は、一見復古的であってもやっぱり新しい現象なんですね。その新しい現象の下で歴史的なものがどう再編され、利用されているのかという観点で考えなければいけない。先程「執拗な持続」と言いましたが、持続の仕方にもいろいろとあるわけで、単純に古いものが残っているのではなくて、現代的な意味で利用されて残っていくという、そういう見方が必要になってくると思います。

なので、この「明治一五〇年」を考えるということは、国家による正統化戦略に対してどのように異議を申し立てて、別個のものを作り上げていくのか、ということを考えるきっかけにしなければいけない。そしてそういう手掛かりはたくさんあると思います。

＊＊＊

**中澤**　今年三月のシンポジウム「創られた明治、

創られる明治――明治一五〇年を考える」は、年度末にもかかわらず、延べ一九九名が参加するほどの盛会となりました。とくに高等学校教員、院生や学部生の参加が目立ちました。当日参加できなかった方々の問い合わせや要望も非常に多く、本書の出版が企画されることになったわけです。

当日のシンポでは、原田さん、石居さん、関原さんに報告いただくとともに、大江さん、横山さん、平井さんにコメントをお願いしました。これに対して本書は、第Ⅱ部の「「他者」と／から「明治」を問いなおす」という観点をさらに充実させ、新たに朝鮮史の加藤さん、ヨーロッパ史の割田さんに加わっていただきました。また、第Ⅲ部「「明治」をめぐる現在」は、新たに長さんのナショナリズム論をふまえたものへと再構成しました。このようにすることで、冒頭で述べた問題設定に十分に応答する内容になったと思います。

しかし、今日、改めて、シンポからこの座談会に至るまでの過程で浮かび上がったことは、より大きく本質的な課題――社会に対する歴史学の訴求力の不十分――でした。歴史学になにができるのか、つまり、その社会的意義はなにかを、図らずも「明治一五〇年」が突き付けてきたということだと思います。石居さんが「「わたし」たちの歴史学」という立ち位置を示してくれた点は、同世代の歴史家として共感しうるのですが、小沢さんは階級という拠点がもはや存在しない今、それは可能なのか、と問いかける。異議申し立ての仕方のみならず、そもそも異議申し立ての必要性から立論しなければならない現況にあって、「明治一五〇年」は、日本史学をこえて歴史学全体にこの問い――歴史学になにができるのか――を投げかけているように思いました。一方で、この問いに対する解法の手掛かりとその実践の仕方は多数ありうることもまた、本日確認できたように思います。このことも読者に届けばいいと思います。

本日はどうもありがとうございました。

（二〇一八年九月二四日）

# おわりに

明治一五〇年にかかわる「祝賀」にどう向きあうか。日本史研究会(一九四五年創立)、歴史科学協議会(一九六七年創立)、歴史学研究会(一九三二年創立)、歴史教育者協議会(一九四九年創立)の代表のあいだで話し合いがもたれたのは、二〇一七年五月のことであった。この四つの学会は、合わせて四者協と呼ばれているが、明治百年のさいにも、これを日本の近代のあり方を問い直す機会にしようと、さまざまな取り組みを行っていた。

最初の話し合いがもたれた頃には、明治一五〇年を意識したイベントは、まだ全国で一日あたり三、四件が開催されていただけであった。しかし、二〇一八年には一日あたり一〇〇件もの催しが各地で開催されることが予期されていた。一四九周年と一五〇年周年はいったいどう異なるのか、一五〇周年と一五一周年ではどうなのか、歴史を研究する者の立場から見ると、こうした「周年」で物事を考えることは厳に慎まなければならない。しかしながら、周年で物事を考えようとしている政治のあり方や人びとの現在の意識を理解すること自体は、歴史を研究する者の大切な仕事である。

ここで、元号や改元といったかたちで歴史の認識をもたざるをえないこの社会を、あらためて、根源的に考えてみることが必要である。西暦やヒジュラ暦などは、ある紀元から無限に(期限の定めなく）時間が経過していくことを前提としている。これに対して、元号は有限の時間を記述する方法である。これは、世界史のなかでけっして普遍的なものではない。また、元号が君主制と結合していることは、元号を英語で regnal era name とか imperial era name と呼ぶことに明らかである。このことは、現在の日本の政体が対外的には立憲君主制と考えられていることと符合する。しかし、「一世一元」という、君主の生命と紀年を固く結びつける方法は、明治に創られた新しい制度である。それでは「明治」という元号の名称はどうだろうか。これもオリジナルのものではなく、現在の中国西南地方一帯に位置した大理国が、一〇世紀末にすでに「明治」を使用していた。明治一五〇年を機会とするなら、このようなことも考慮に入れたい。

本書は、二〇一八年三月に四者協が共催したシンポジウムを基礎としている。四者協は、一〇カ月にわたってこのシンポジウムを準備してきた。シンポジウム開催ののちも、さまざまなかたちで議論を重ねてきた。その一端は座談会にも示されている。「祝賀」とは異なるかたちで、この時代に何を考えなければいけないのか、本書におさめられた各論考には多くの示唆が含まれている。寄稿していただいた皆さんには、ここに心から感謝の言葉を申し上げたい。本書が、この一五〇年を機に、私（たち）が、いったいどこから来て、これからどこに行こうとしているのか、読者の皆さんとともに考え続けるための素材となっていくことを期待している。

歴史学研究会　小沢弘明

【資料 1】

平成 28 年 12 月 26 日
「明治 150 年」関連施策各府省庁連絡会議

「明治 150 年」関連施策の推進について

平成 30 年(2018 年)は，明治元年(1868 年)から起算して満 150 年に当たる．この「明治 150 年」に向けて，有識者からヒアリングを行ってきたところであり，今後，以下の方針に基づき，関連施策の推進を図ることとする．

◆基本的な考え方

1.「明治以降の歩みを次世代に遺す」

明治以降，近代国民国家への第一歩を踏み出した日本は，この時期において，近代化に向けた歩みを進めることで，国の基本的な形を築き上げていった．

例えば，内閣制度の導入，大日本帝国憲法の制定，帝国議会の設置など立憲政治・議会政治の導入，欧米の状況把握のための岩倉使節団の派遣など国際社会への対応，鉄道の開業や郵便制度の施行など技術革新と産業化の推進，義務教育の導入や女子師範学校の設立など女性を含めた教育の充実等，明治以降の近代化に向けた取組は多岐にわたる．

過去を振り返って見えるものは，未来へのビジョンでもあることから，こうした近代化の歩みが記録された歴史的遺産を後世に遺すことは極めて重要である．特に，近年，人口減少社会の到来や世界経済の不透明感の高まりなど激動の時代を迎えており，近代化に向けた困難に直面していた明治期と重なるところもあることから，この時期に，改めて明治期を振り返り，将来につなげていくことは，意義のあることであると考える．しかしながら，時間の経過等によって，このような歴史的遺産が散逸，劣化してしまうことが懸念されてもいる．

ついては，「明治 150 年」を機に，明治以降の日本の歩みを改めて整理し，未来に遺すことによって，次世代を担う若者に，これからの日本の在り方を考えてもらう契機とする．

2.「明治の精神に学び，更に飛躍する国へ」

明治期においては，従前に比べて，出自や身分によらない能力本位の人材登用が行われ，機会の平等が進められた．

そうした中において，明治初期から中期を中心に，若者や女性，また，学術や文化を志す人々が，海外に留学して貪欲に知識を吸収したり，国内で新たな道を切り拓いたりした．

また，この時期においては，外国人から学んだ知識を活かしつつ，和魂洋才の精神によって，単なる西洋の真似ではない，日本の良さや伝統を活かした技術や文化が生み出された．それらは，地方や民間においても様々な形で発展した．特に，来日した外国人の中には，技術をそのまま教授するのではなく，日本の実情を踏まえた内容で指導を行った者や，日本の文化を評価して海外に紹介した者もいる．

こうした明治期の若者や女性，外国人などの活躍を知ることや，当時の技術や文化に触れることは大変有意義なことである．しかしながら，日本各地における，こうした若者や女性などの活躍や，技術や文化に関する遺産については，時間とともに記憶が薄れて埋もれてしまったものや，一部にしか知られておらず十分に評価されていないものも数多いのではないかと思われる．

ついては，「明治 150 年」を機に，国内外でこれらを改めて認知する機会を設け，明治期に生きた人々のよりどころとなった精神を捉えることにより，日本の技術や文化といった強みを再認識し，現代に活かすことで，日本の更なる発展を目指す基礎とする．

◆施策の方向性

上記「基本的な考え方」を踏まえ，今後，各府省庁において，具体的な関連施策の実現に向けて積極的に取り組んでいく．併せて，広報などの充実を図りつつ，地方公共団体や民間も含めて多様な取組が日本各地で推進されるよう，明治 150 年に向けた機運を高めていく．

1. 明治以降の歩みを次世代に遺す施策

近代化の歩みが記録された歴史的遺産を再認識し，後世に遺すとともに，次世代にこれからの日本の在り方を考えてもらう契機となる施策を推進する．

例えば，ICTなどの最新技術を活用し，新たな国立公文書館の建設が予定されていることも踏まえ，明治期に関する文書，写真等の資料の収集・整理，デジタル・アーカイブ化の推進などが考えられる．

2. 明治の精神に学び，更に飛躍する国へ向けた施策

明治期の若者や女性，外国人などの活躍を改めて評価するとともに，当時の技術や文化に触れる機会を充実させることで，日本の強みを再認識し，今後の更なる発展を目指すきっかけとなる施策を推進する．

例えば，日本各地において，それぞれの地域ごとに，明治期に活躍した若者や女性，外国人などを掘り起こして光をあてることにより再認識するとともに，明治にゆかりのある建築物の公開や，明治期の絵画・工芸品に関する美術展の開催など，当時の技術や文化に関する遺産に触れる機会を充実することなどが考えられる．

以　上

(https://www.kantei.go.jp/jp/singi/meiji150/portal/pdf/161226_meiji150nenkanren.pdf　2018年11月19日閲覧)

**【資料2】**

安倍内閣総理大臣　平成30年　年頭所感

新年あけましておめでとうございます．

本年は，明治維新から，150年の節目の年です．

「高い志と熱意を持ち，より多くの人たちの心を動かすことができれば，ど

んなに弱い立場にある者でも，成し遂げることができる.」

明治初期，わずか6歳で岩倉使節団に加わった津田梅子の言葉です．性別に関係なく個人の能力が活かされる米国社会に学び，帰国後，女子高等教育機関を立ち上げました．そして，その生涯を，日本人女性の可能性を開花させることに捧げました．

150年前，明治日本の新たな国創りは，植民地支配の波がアジアに押し寄せる，その大きな危機感と共に，スタートしました．

国難とも呼ぶべき危機を克服するため，近代化を一気に推し進める．その原動力となったのは，一人ひとりの日本人です．これまでの身分制を廃し，すべての日本人を従来の制度や慣習から解き放つ．あらゆる日本人の力を結集することで，日本は独立を守り抜きました．

今また，日本は，「少子高齢化」という国難とも呼ぶべき危機に直面しています．

「人口が減少する日本は，もう成長できない.」

6年前，日本には，未来への悲観論ばかりがあふれていました．

しかし，この5年間のアベノミクスによって，名目GDPは11%以上成長し過去最高を更新しました．生産年齢人口が390万人減る中でも，雇用は185万人増えました．いまや，女性の就業率は，25歳以上の全ての世代で，米国を上回っています．

有効求人倍率は，47全ての都道府県で1倍を超え，景気回復の温かい風は地方にも広がりつつあります．あの高度成長期にも為しえなかったことが，実現しています．

未来は，変えることができる．

女性も男性も，お年寄りも若者も，障害や難病のある方も，一度失敗を経験した人も，誰もが，その能力を最大限に発揮できる「一億総活躍」社会を創り上げることができれば，日本は，まだまだ力強く成長できる．私は，そう確信しています．

未来は，私たちの手で，変えることができるのです．

すべては，私たち日本人の志と熱意にかかっている．150年前の先人たちと同じように，未来は変えられると信じ，行動を起こすことができるかどうかに

かかっています．

子供たちの未来に大胆に投資する．子育てや介護の不安に向き合い，社会保障制度を「全世代型」へと大きく改革する．いくつになっても，誰にでも，学び直しとチャレンジの機会がある社会を創る．

毅然とした外交を展開するとともに，いかなる事態にあっても国民の命と平和な暮らしを守り抜く．

未来を見据えた新たな国創りに向かって，昨年，国民の皆様から総選挙でお力を頂いて，大きな一歩を踏み出すことができました．

本年は，「実行の一年」であります．昨年の総選挙でお約束した政策を一つひとつ実行に移してまいります．2020 年，さらにその先を見据えながら，安倍内閣は，新たな国創りに向けて，国民の皆様と手を携え，改革を力強く進めていく決意です．

最後に，国民の皆様の一層の御理解と御支援をお願い申し上げるとともに，本年が，皆様一人ひとりにとって，実り多き素晴らしい一年となりますよう，心よりお祈り申し上げます．

平成三十年一月一日

内閣総理大臣　安倍　晋三

(https://www.kantei.go.jp/jp/98_abe/statement/2018/0101nentou.html 2018 年 11 月 19 日閲覧)

**【資料 3】**

明治 150 年記念式典　安倍内閣総理大臣式辞

今から 150 年前の今日，明治改元の詔勅が出されました．この節目の日に，各界多数の御参列を得て，明治 150 年記念式典を挙行いたしますことは，誠に喜びに堪えないところであります．皆様と共に，我が国が近代国家に向けて歩

み出した往時を思い，それを成し遂げた明治の人々に敬意と感謝を表したいと思います．

近代化への道のりは，大きな危機意識の中で始まりました．当時，技術に先んじる列強が植民地支配を進め，その波がアジアにも押し寄せていました．国力に後れを取っていた我が国は，正に国家存亡の危機に直面していたと言っても過言ではありません．

独立を守らなければならない．当時の人々は，文字通り命懸けで，情報を集め，策を練り，そして，果敢に行動しました．内外旺盛な交流により，学びに学んで，最先端の知を貪欲なまでに求め，それにとどまらず，日本の良さや伝統をいかしたものにまで高めていきました．

五箇条の御誓文が，古い陋習(ろうしゅう)を破れと説き，身分や階級を問わず志を追うべしと勧めたとおり，新しい国づくりに際しては，それまでの身分，武士・農民・町民の別に関わりなく，若者や女性を含め，志を持った人々が，全国各地で躍動しました．外国からも多くの人々が訪れ，我が国の発展に大きな役割を担っていただきました．

明治という時代が新たに生み出した多くの人材が，急速な近代化の原動力となり，我が国は近代国民国家への第一歩を踏み出しました．憲法の制定，議会の設置，内閣制度の導入など，立憲政治・議会政治の基礎が築かれました．工業化の進展，鉄道の開通，郵便や金融制度の整備．産業も大きく発展しました．義務教育が導入され，女子師範学校が開設されるなど，教育が充実したのもこの時代です．現在の政治，経済，社会の土台が築かれました．

我が国の近代化は，西洋に比べて，極めて短い期間に行われました．それまでの歴史の礎があっての飛躍であろうことを併せ考えたとしても，それを成し遂げた先人たちの底力，道半ばで倒れた方々も含め，人々にみなぎっていた，洋々たる活力，志の高さに驚嘆せずにはいられません．同時に，今を生きる私たちも，これを誇りに力強く歩んでいかなければならないと思います．

今日，我が国は，内においては，急速な少子高齢化が進行し，外に目を転ずれば，急激に変化を遂げる国際社会の荒波の中にあります．正に国難とも言える時代にあって，故(ふる)きを温(たず)ね新しきを知る．明治の人々が，勇気と英断，たゆまぬ努力，奮闘によって，世界に向けて大きく胸を開き，新しい

時代の扉を開けたことに想いをはせながら，私たちは，この難局に真正面から立ち向かい，乗り越えていかなければならないと思います．

現在，明治150年関連行事として，近代化の歩みが記された歴史的遺産を次世代に残し，学び，将来につなげていこうとする取組が，全国各地で行われています．特に，若い世代の方々には，是非とも，この機会に，我が国の近代化に向けて生じた出来事，人々の息遣いに触れ，光と影，様々な側面を貴重な経験として学びとって欲しいと思います．

来年は，約200年ぶりに天皇陛下が御退位され，皇位の継承が行われます．その翌年には，東京オリンピック・パラリンピックが開催され，世界中の人々が我が国を訪れ，世界の関心が日本に集まります．我が国は，正に，歴史の大きな転換点を迎えようとしています．

私たちは，平成のその先の時代に向けて，明治の人々に倣い，どんな困難にもひるむことなく，未来を切り拓いてまいります．そして，平和で豊かな日本を，次の世代に引き渡していく，その決意を申し述べ，式辞といたします．

平成30年10月23日

内閣総理大臣　安倍　晋三

（https://www.kantei.go.jp/jp/98_abe/statement/2018/_00034.html　2018年11月19日閲覧）

**割田聖史**（わりた・さとし）
1972年生れ．青山学院大学文学部教授．ドイツ・ポーランド近代史．『プロイセンの国家・国民・地域――19世紀前半のポーゼン州・ドイツ・ポーランド』(有志舎，2012年)など．

**平井和子**（ひらい・かずこ）
1955年生れ．桜美林大学非常勤講師．近現代日本女性史・ジェンダー史．『日本占領とジェンダー――米軍・売買春と日本女性たち』(有志舎，2014年)など．

**長志珠絵**（おさ・しずえ）
1962年生れ．神戸大学大学院国際文化学研究科教授．日本近現代史．『占領期・占領空間と戦争の記憶』(有志舎，2013年)など．

**大江洋代**（おおえ・ひろよ）
1977年生れ．明治大学兼任講師・国立国会図書館憲政資料室非常勤調査員．日本近代史．『明治期日本の陸軍――官僚制と国民軍の形成』(東京大学出版会，2018年)など．

**小沢弘明**（おざわ・ひろあき）
1958年生れ．千葉大学国際教養学部教授．中東欧近現代史．共編著『第4次現代歴史学の成果と課題』全3巻(績文堂出版，2017年)など．

## 執筆者紹介（執筆順）


**石居人也**（いしい・ひとなり）

1973年生れ．一橋大学大学院社会学研究科教授．日本近現代史．「生・病・死，生存の歴史学」東京歴史科学研究会編『歴史を学ぶ人々のために――現在をどう生きるか』（岩波書店，2017年）など．

**中澤達哉**（なかざわ・たつや）

1971年生れ．早稲田大学文学学術院教授．東欧近世・近代史．『近代スロヴァキア国民形成思想史研究――「歴史なき民」の近代国民法人説』（刀水書房，2009年）など．

**原田敬一**（はらだ・けいいち）

1948年生れ．佛教大学名誉教授．日本近現代史．『兵士はどこへ行った――軍用墓地と国民国家』（有志舎，2013年）など．

**関原正裕**（せきはら・まさひろ）

1953年生れ．歴史教育者協議会副委員長．日本近現代史．「歴史教育における史料活用の可能性――柳条湖事件を描いた漫画を例にして」渡辺尚志編『アーカイブズの現在・未来・可能性を考える――歴史研究と歴史教育の現場から』（法政大学出版局，2016年）など．

**横山伊徳**（よこやま・よしのり）

1956年生れ．東京大学史料編纂所教授．19世紀日蘭関係史．『開国前夜の世界』（吉川弘文館，2013年）など．

**加藤圭木**（かとう・けいき）

1983年生れ．一橋大学大学院社会学研究科准教授．朝鮮近現代史．『植民地期朝鮮の地域変容――日本の大陸進出と咸鏡北道』（吉川弘文館，2017年）など．

創られた明治，創られる明治
―「明治 150 年」が問いかけるもの

2018 年 12 月 19 日　第 1 刷発行
2019 年 4 月 15 日　第 2 刷発行

編　者　日本史研究会　歴史科学協議会
　　　　歴史学研究会　歴史教育者協議会

発行者　岡本　厚

発行所　株式会社　岩波書店
〒101-8002 東京都千代田区一ツ橋 2-5-5
電話案内 03-5210-4000
https://www.iwanami.co.jp/

印刷・三陽社　カバー・半七印刷　製本・牧製本


ISBN 978-4-00-023902-8　　Printed in Japan